本书获国家社会科学基金重大项目“中华武术通史研究与编纂”（20&ZD338）、上海市海外高层次人才项目（TP2022101）、教育部新文科研究与改革实践项目（2021010011）资助

郭玉成 总主编
陈青 本册主编

武藏（三）
戳脚

人民体育出版社

图书在版编目（CIP）数据

戳脚 / 陈青本册主编. -- 北京 : 人民体育出版社, 2025
（武藏 / 郭玉成总主编 ; 3）
ISBN 978-7-5009-6449-0

Ⅰ. ①戳… Ⅱ. ①陈… Ⅲ. ①戳脚 Ⅳ. ①G852.12

中国国家版本馆CIP数据核字(2024)第078765号

*
人民体育出版社出版发行
北京盛通印刷股份有限公司印刷
新　华　书　店　经　销
*
787×1092　16开本　8.5印张　164千字
2025年5月第1版　2025年5月第1次印刷
印数：1—3,000册
*
ISBN 978-7-5009-6449-0
定价：50.00元

社址：北京市东城区体育馆路8号（天坛公园东门）
电话：67151482（发行部）　邮编：100061
传真：67151483　邮购：67118491
网址：www.psphpress.com
（购买本社图书，如遇有缺损页可与邮购部联系）

总编委会

编委会

“武藏”总序

中华文明，源远流长。从“文”的视野，5000多年文明史孕育发展了以儒、释、道为代表的思想文化精粹，汇集儒家典籍文献的《儒藏》，汇聚佛教、道教经典及其注疏的《佛藏》《道藏》，成为守望中华文化、赓续中华文脉、传承中华文明的重大标志性文库。从“武”的视域，武术作为中华文明的一种标识性、独特性、系统性知识体系，体现了中国人“以武入道”对于人伦、物理、心性的深入探察，凝聚着中华民族数千年传延的集体智慧，同样亟待形成一套集大成文库，以助力中华文明在与世界文明的交流、交融、交锋中，更好地展现独特文明基础、根本思想基质、特色文化基因。

2019年7月27日，上海体育学院（2023年更名为上海体育大学）武术学院正式启动“武藏”编纂工程，旨在通过这套权威性、系统性、传世性的大型武术丛书，对中华武术进行系统梳理与全面总结。编纂工作本着“辨章学术、考镜源流”的理念，以20世纪80年代全国武术挖掘整理工作初步查明的“源流有序、拳理明晰、风格独特、自成体系”的129个拳种为重点，主要按照“一拳一册”方式分期推进。首先，以“史文结合、技理兼备、图说并举”为思路，确立一套结构统一、逻辑清晰、科学合理的编纂体例，主要涵盖各拳种的渊源脉络、技理技法、武谚歌诀、经典套路、攻防解析等内容，要求不同拳种的整理在内容上各彰其彩、在纲目上趋于一致。其次，以“知历史、明理论、精技术、擅研究”为标准，结合各拳种古今主要传承地域，汇聚相关资深专家、知名学者、青年才俊、非遗传承人共研共编，加大资源普查、加强信息采集、加深研究阐释，融学术性、专业性、通识性为一体，力求翔实、准确、客观反映各拳种历史、文化、技术全貌。最后，以“精采慎择、精思谨述、精审严校”为原则，贯穿史料搜筛、分析论证、文句表述、审编排校等环节，形成体现和代表国家最高水平的武术类“藏”书成果，以关照历史、服务当代、惠泽未来。

当前，世界百年未有之大变局加速演进，面对前所未有的世界之变、时代之变、历史之变，中华各民族间的交往、交流、交融，世界各文明间的互通、互鉴、互惠，已成为构筑中华民族共有精神家园、构建人类命运共同体的重要路径。由此，立足中国、放眼世界，“武藏”对于中华各民族历经沧桑、共同创造的灿烂武术文化，展开系统整理和专业阐释，是在建设一个融民族性与世界性、时代性与历史性、理论性与实践性为一体的中华武术文献库藏，不仅有助于强化中华民族赖以生存和发展的精神世界，使各民族人心归聚、精神相依，铸牢中华民族共同体意识，还有益于以武术为载体，向世界传播中华文明的行为方式、思维模式、价值倾向，进而为维护世界文明多样性，构建“以文明交流超越文明隔阂、以文明互鉴超越文明冲突、以文明共存超越文明优越”的世界文明新格局贡献中国智慧。

郭玉成

2022年9月29日

目　录

第一章　戳脚概述

戳脚又叫“九转连环鸳鸯脚”。“九”指戳脚拳套路分为九趟，一个套路为一趟，每趟可以单独演练，也可以连起来相互穿插演练。“转”是每趟起势的“转趾式”，此式是戳脚经典动作衍生出各种复杂的动作。比如，贯穿在套路当中的“转趾步”就是一种静中寓动的步型与步法。“连环”是各招各式有序衔接，衔接顺畅的套路步步带腿，一步一腿，连环相扣。“鸳鸯脚”是阴阳相济之意，动作有左有右，左发右随，成双配对，如鸳鸯形影相随[1]。戳脚技法，注重象形取意，讲求左右开弓，多点击打，其套路多以左发右随式组合习练为主。拳谚云：“手是两扇门，全凭脚打人。”戳脚很好地诠释了这种说法，戳脚因强调腿法的运用，有“脚踢七分，手打三分”之说，追求“拳打六路，脚踢八方”，形成了“手为先锋，脚为主帅”的技击理念，具有很强的技击性，如拳谚所云：“手去脚不动，打人不能胜；脚踢手不出，打人必负输。”在实战时，手脚配合运用，被誉为“戳脚三只手”[2]。

戳脚起源和发展多在北方，逐步成为北方人钟爱的拳种之一。戳脚简洁的技法、遒劲的拳势折射出了北方人的豪迈性格。从拳种的技术结构和风格特点来看，创拳理念与练拳规范都十分讲究阴阳相济、内外相合、神形兼修，蕴含着和合相生的传统文化底蕴，无愧为中国武术中杰出的代表性拳种。

戳脚因历史悠久，技法独特，而成为武林中的翘楚，有“山东查，直隶戳”之称。又因其最初主要在北方一带广为流传，更冠有“北腿之杰”的美誉，与擅长手法的南方拳种相呼应，始终雄踞“南拳北腿”的地位。

说起戳脚，人们自然会联想到《水浒传》中“武松醉打蒋门神”的精彩片段：“……说时迟，那时快。武松先把两个拳头去蒋门神脸上虚影一影，忽地转身便走。蒋门神大怒，抢将来。被武松一飞脚踢起，踢中蒋门神小腹上。双手按了，便蹲下去。武松一踅，踅将过来，那只右脚早踢起，直飞在蒋门神额角上，踢着正

[1] 张福生，孙静文. 九转连环鸳鸯腿［M］. 北京：人民体育出版社，1994：7.

[2] 马威. 戳脚在河北地域传承现状的研究［D］. 石家庄：河北师范大学，2015：9.

中。望后便倒。武松追入一步，踏住胸脯，提起这醋钵儿大小拳头，望蒋门神脸上便打……”[1]这就是武术所用的“玉环步”“鸳鸯腿”。这种技法在作者撰写小说之前就已经广泛流行于民间，否则这类技法难以成为写作的素材。当然，也可能是戳脚的技法命名借用了名著中家喻户晓的故事，将武松所使用的动作名称作为戳脚技法的名称。无论如何，都可以从中看出，戳脚有着一定的历史积淀，在中国传统武术大家庭中占有重要地位，是传统武术特色鲜明的拳种。

第一节　戳脚的历史源流

戳脚的起源缺少详细的史料记载，多为民间传说。在这种情况下，关于戳脚的缘起考证存在相当大的难度。据现有的资料分析，戳脚的起源有多种说法。

据传，戳脚由宋代道士邓良所创，当时称为“九转连环鸳鸯脚”。后传于周侗，周侗再传于卢俊义、林冲、武松、鲁智深、岳飞等人。比如，人们常认为戳脚、翻子拳中的岳氏散手就是岳飞所创流传至今。文学源自生活，高于生活，文学中的素材大多在生活中有现实基础。小说《水浒传》中有关武术技法的描述与戳脚、翻子拳的技法非常相似。第三回，“郑屠右手拿刀，左手便要来揪鲁达，被这鲁提辖就势按住左手，赶将入去，望小腹上只一脚，腾地踢倒在当街上。”[1]第十七回花和尚单打二龙山，“鲁智深道：‘叵耐那撮鸟，连输与洒家两遍，那厮小肚上被俺一脚点翻了，却待再要打那厮一顿，结果了他性命，被他那里人多，救了上山去，闭了这鸟关。由你自在下面骂，只是不肯下来厮杀。’”[1]描写有鲁智深以脚“点翻”邓龙的情节。“点”是戳脚腿法中较独特的技法，泛指以足尖攻击对方，这就是戳脚上下相随的“点脚”腿法。《水浒传》第二十九回，“却先飞起左脚，踢中了，便转过身来，再飞起右脚。这一扑，有名唤做‘玉环步，鸳鸯脚’，此乃武松生平之绝学。”[1]武松醉打蒋门神用的是“玉环步，鸳鸯脚”腿法。这些例子表明戳脚中的技法在宋代已存在，所以小说中才会有这么多相关的记载。民间流传于世的“武松拳谱”整理记录了与武松有关的套路，最为出彩的一套是“鸳鸯脚”，这个套路主要表现了武松醉打蒋门神的鸳鸯脚拳法，拳谱中艺术化地描绘了武松“鸳鸯脚”的技法。无独有偶，鸳鸯脚是戳脚的一个动作名称，这个动作形似鸳鸯，“前探掌”似鸳鸯头的羽冠，“后撩脚”像鸳鸯上翅的尾巴，因此称之为鸳鸯脚[2]。

[1] 施耐庵. 水浒传 [M]. 北京：人民文学出版社，2005.

[2] 苗晓兰专访实录，2022年5月20日，于石家庄市卡梅迪亚（北京）文化发展有限公司.

从小说中可以管窥武术拳种的社会存在状态，但是需要甄别的是，文学中对武术的艺术夸张描述是否等同现实的武术技法。小说可以表明戳脚技法已经流传于民间，恰如汤因比使用《马太福音》《浮士德》中的说辞作为《历史研究》论点的论据，能够通过这类记载反映当时社会的部分情景。但是，小说难以独立说明戳脚的起源和发展，以及成为一个拳种的史学证据。以小说的文学描述作为戳脚缘起的唯一依据，实在是有些牵强，必须附加互证的史料、民间传说和习武人的身体行为。

戚继光在《纪效新书·拳经捷要篇》中记载："腿可飞腾。而其妙也，颠番倒插；而其猛也，披劈横拳；而其快也，活捉朝天；而其柔也，知当斜闪。故择其拳之善者三十二势，势势相承。"[1]三十二势早已成为普遍流传的拳种，其中，较多的技法被其他拳种所采纳，甚至成为某些拳种的主体结构。从"腿可飞腾""颠番倒插""知当斜闪"等动作的描述情况来看，戳脚的技法与之有相似之处，由此推测这些技法是关于戳脚技法的文献记载之一。从这个技法表述中，可以进一步推测，戳脚在明代已经拥有一定的民众基础。当然，不能否认的是，武术技术体系中的核心技术就是踢打摔拿击刺，每个拳种对这些核心技术的运用方式和方法都大体相似，这可能是戚继光并没有指明这些技法是戳脚特有技法的原委。

康戈武在《中国武术实用大全》的"戳脚"一节中根据《太平天国野史》中记述石达开对敌时，有"俟敌踵至，疾踢其腹脐下，如敌劲，则数转环踢之"[2]的技法记载，推测这种技法类似玉环步、鸳鸯脚，估计石达开对敌所用的招法就是戳脚技法。依此线索，可以推测戳脚广泛流传的年代大约在清代。石达开作为太平天国的翼王，身先士卒，有可能使用的是当时已流传于世的戳脚技法，抑或是他在某种程度上进行了创造。

从史料只言片语和坊间传说中，可窥探出戳脚历经长期发展并不断完善，在清朝道光年间，逐渐成熟。据传，戳脚起初主要在山东济宁一带流传，但当时的戳脚还未成体系，只能称为戳脚的雏形。在清朝嘉庆年间，第一代戳脚名师冯克善将戳脚传入河北衡水饶阳地区。在饶阳，一直流传着一段拳诀："十三脚恩师传，漂流江湖四十年，玉容师音难寻觅，祖祖辈辈念老灿。"[3]拳诀中的"老灿"正是被衡水武术界公认的饶阳戳脚拳鼻祖——冯克善。在《李文成起义》《蓝簃外史·靖

[1] 戚继光. 纪效新书[M]. 曹文明，吕颖慧，校释. 北京：中华书局，2001：227.

[2] 康戈武. 中国武术实用大全[M]. 北京：今日中国出版社，1990：205.

[3] 彭卫国. 河北省非物质文化遗产图典：第三辑[M]. 石家庄：河北美术出版社，2014：120.

逆记》等史学文献中有关于冯克善及戳脚拳术的记载。在《戳脚》[1]一书中提及戳脚是19世纪30年代河北饶阳的冯克善（农民起义领袖）创立，冯多次化名隐匿身份。另有研究指出，清朝“天理教”农民义军将领冯克善（曾化名赵灿章、韩禄马、冯凯克、冯克敏等）为戳脚的开山祖师[2]。

据称，冯克善参与的起义失败后，被捕入狱，他用戳脚腿法破牢而出，隐姓埋名在民间收徒传艺，传授戳脚技法。关于冯克善被捕入狱后的境遇，也有说法认为他并没有成功越狱，那么其是否创立戳脚就变得扑朔迷离。据《续修四库全书》中《那文毅公奏议》第三十二卷、《钦定平定教匪纪略》第三十一卷三、《清代历史资料丛刊》中《靖逆记》等记载，冯克善起义失败后被捕，押解至北京，甲戌年（1814年）正月十二日，冯克善与同犯被凌迟或磔死，并枭首示众。但是，一部旨在编排历代典籍，总结评判传统学术，由经、史、子、集4部44类66属构成的《四库全书》不会记载这类内容，即使是“续修”也难以将农民起义之类非正统的事件纳入其中。况且，清代部分奏报的内容与实际执行的情况存在出入。作为农民起义军将领，且“被处决”的冯克善，是否存在替身还尚存疑虑。

不过，冯克善在被捕之前就已经在四处传播戳脚技法，且颇具影响，其被捕和离世并不能影响他在戳脚缘起中的作用。可见，戳脚在冯克善、抑或马克善、赵克善等集大成的习武人推动下，成功地从零散的技法汇聚为特色鲜明的拳种。关于戳脚传承脉络，有研究认为自从冯克善辗转到河北，先后将戳脚技法传授给饶阳段老绪，后又传蠡县刘观澜三兄弟及魏昌义、魏老方、高庆天等人，刘观澜等人将此技法再传刘振国，刘振国将其延续传承给刘景山等人[3]。自此，形成了一条枝分叶散的传承脉络。

戳脚技法元素源自于北方众多拳种。习武人在不同拳种中，或多或少地使用着类似戳脚的技法，后经集大成的习武人将这类技法整理、完善为一个相对完整的体系，广受习武人的青睐，并以河北为中心，不断向各地传播。《论戳脚拳流派》一文中，将戳脚流派分为北京戳脚、辽宁戳脚、河北戳脚，三大流派既有区别又相互联系，但究其根源，都是从河北流出，随后出现遍地开花的地域化发展。戳脚每经一地，在当地习武人习练的过程中，技法融合完善，逐渐呈现出北京戳脚招法细腻，动作舒展；东北以于伯谦为代表的戳脚则发力刚猛，动作脆快；胡氏戳脚“文

[1] 刘景山. 戳脚 [M]. 石家庄：河北人民出版社，1983：531-534.

[2] 张胜久，马剑. 戳脚起源与传承研究综述 [J]. 搏击·武术科学，2010，7（1）：41-42，49.

[3] 仇志刚. 论戳脚拳流派 [J]. 武当，2009.（1）：38-40.

趟子”比较儒雅、小巧，注重实用。[1]等鲜明地域特征。

北京流行的戳脚，由祖籍河北蠡县，师从魏赞魁（曾在神机营当差，1900年“八国联军”入侵，其使燕翅镗屡立战功，被赏以六品顶戴），后在北京发展的吴斌楼传播推广。20世纪20年代，吴斌楼在北京广交武林人士，以武会友，他精熟戳脚、翻子拳、地躺拳，擅长软器械，创建北京艺林武术社，并任社长，亲授刘学勃、门惠丰等后来在武术界名望很高的弟子，广泛传承其技艺，他还编著《岳氏散手十八式》《燕青翻子拳》等著作，成为北京戳脚的重要传人。吴斌楼传授的戳脚翻子，腿法分为上、中、下三盘，三盘腿法相互接合，前后、上下、左右配合，各种腿法连环紧扣，连续不断，衍生出108连环腿法，号称“戳脚翻子一百零八腿”，形成了独具特色的拳种风格。

“闯关东移民促进了中原一些著名武术拳种如螳螂拳、太极拳、通背拳、鸳鸯拳等在东北地区的广泛传播。”[2]掌握了戳脚、翻子的胡奉三、郝鸣久及杨俊峰三人经过勤学苦练，终成“奉天三老”。其中，胡奉三创编出紧凑短巧、重低腿法、手法缠绵、腿法刚劲，在战法上以静制动、以逸待劳、手动足进，别具一格的戳脚文趟子拳。另外，郝鸣久的弟子于伯谦，对戳脚文趟子拳进行了改进，并以沈阳为中心在胡星五（胡奉三长子）、史春霖（于伯谦弟子）、张福生（于伯谦弟子）的推动下，使之逐渐在辽宁地区流传。此外，于德江在长春创办“德胜镖局”，除走镖之外，还收徒授艺，使这一拳种在长春和四平地区得以流传。

文化随人的迁徙而实现交融，特别是人的南渡北归，使得文化得以互动，并催生出新的文化样态。师承北方大侠张酒海的河北独流人张恒庆，他习练过通背拳、戳脚，辗转至江苏扬州、镇江后，便将两个拳种的技法进行融汇，形成了既有丰富多变、凌厉快速的戳脚腿法，又有灵活如猿、放长击远的通背手法的“戳脚通背”。张恒庆改进后的江苏戳脚，具有鲜明的特点，被王清尘、何玉山、田椿等弟子们进一步扩散至上海、武汉等地。

马凤图、马英图等人携艺西行，作为马氏通背武艺中重要内容的戳脚来到了辽阔的西北，在陕西、甘肃等地得到流行。“马贤达他不仅在高校传道授业，还在省专业队授拳传武，从而将融劈挂、八极、翻子、戳脚、太祖、螳螂于一体的马氏通背武艺带到陕西，使之在秦晋大地上生根发芽[3]。”在甘肃，马家兄弟们将戳脚技法发扬光大，并使其融入当地的拳种之中，对当地拳种产生一定影响，尤其是以

[1] 张建华. 戳脚翻子拳研究［J］. 体育文化导刊，2011（07）：22-23.

[2] 马振东. 闯关东移民与武术拳种的传播与创新［J］. 体育成人教育学刊，2018（04）：67-69，82，95.

[3] 杜舒书. 秦晋武术文化研究［D］. 上海：上海体育学院，2011：26-35.

劈挂和八极为基础，融合翻子、戳脚的马氏通背成为特色鲜明的拳种。

从坊间的传说，特别是习武人的技法表现中，可以推测戳脚初传，只有九转十八跌，九转就是九转连环鸳鸯脚，十八跌就是十八滚，没有文趟子、武趟子的名称之分，后经胡奉三创编了小架戳脚，在外形上不像九转连环鸳鸯脚舒展大方，但它转折灵动，利于进出，命名为文趟子。文趟子作为戳脚的衍生，秉持着戳脚技法的核心技术结构，为戳脚后续发展提供了有益的技术模板。从文趟子技术风格的出现来看，戳脚完善成为体系，应该是进入民国期间的事了。

第二节　戳脚的源起与传承谱系

一、源起

武术拳种大多是根据集大成者的技法、业绩、名声、地位等因素确立社会地位的，也有拳种借用先贤之名，甚至是神明之名以求立足。戳脚的缘起大体上可以归纳为太平军战将赵灿益，号赵洛灿（又称老灿）为戳脚创拳之师，亦或是清朝“天理教”农民义军将领冯克善（曾化名赵灿章、韩禄马、冯凯克、冯克敏等）为戳脚的开山祖师。这两种说法都指向军旅将领退出戎马生涯后，在民间纳徒授技，日久天长，这类技法汇聚为戳脚。这种说法，有一定的道理。其一，戳脚突出的技击技术结构，明显地突出了拳种的军事价值。与少林拳、太极拳等为强体而创的拳种相比，在技术结构方面确有不同，其价值表现自然存在较大的差异。其二，拳种创始人或集大成者，如果曾经有过军旅生涯，必然会影响拳种的技术走向。所以，可以认为有着军旅生涯的赵洛灿、冯克善是戳脚缘起的重要人物。

这两位身世基本相同的人物，是否是同一个人呢？根据现有的资料分析，由于冯克善系农民起义参与者，为躲避官兵追捕多次易名，且受当时习武民众的文化程度和社会客观条件，各异的口音方言，以及口传身授的传承模式影响，对冯克善的曾用名赵灿章、赵老灿、赵洛灿存在着各种表述。各种疑问，有待进一步证实。

冯克善，河南滑县人，自幼酷爱习武。清朝嘉庆丁巳年间（1797年），冯克善赴山东济宁拜武术大师王祥为师，通过刻苦练习，最终习得真传，成为当时武界出类拔萃的人物。对于这个过程，韩建中详细地阐述了冯克善曾从滑县朱召村人唐恒乐习武技，善骑射，尤精枪法。嘉庆丁巳，有山东济宁人王祥，教克善拳法，克善尽得其术，徒手搏击，数十人无敢近者。庚午（1810年）春二月，其僚婿滑县库书牛亮臣见克善拳法中有八方步，亮臣曰：“尔步伐似合八卦。”克善曰：“子何以知之？”亮臣曰：“我所习坎卦。”克善曰：“我为离卦。”亮臣曰：“尔为离，我为坎，我二人离坎交宫，各习其所习可也。”壬申（1812年）夏四月，滑人有霍云方者，慕克善名，请之往山东德州，与宋跃隆比拳，跃隆遇克善，自以为弗如；命其子宋玉林与之角，又弗如甚远。跃隆遂师事之，入离卦教。嗣后亮臣之子牛文成，浚县人李大成，滑县人熊自华，张九成，俱事克善。自华，九成等又各授其徒，党羽渐多，众遂奉克善为离卦头目。[1]此记载可见冯克善技法精湛，且特色鲜明，受到众人的信服，在参加农民起义前便开启了其授拳生涯。

据《中国通史简编》[2]记载：1813 年，天理教农民起义爆发，冯克善是主要领导者之一。起义失败后，天理教首领被关押在献县大牢，后来冯克善与将领唐有义、杨景等人一同越狱，隐姓埋名藏匿于河北饶阳县段君道村段绪和处。自此，冯克善在饶阳开始了隐居习武、授拳的生活。在此期间，冯克善为躲避官兵的追捕，曾多次更改姓名，不断在各个村庄辗转，教授当地民众习武，他在不同村落授拳时，所授技法的侧重点各有不同，这可能与他本人习练戳脚过程中存在着阶段性技能以及不同心得有关，即不同阶段，身体体验、身体感悟、身体认知和身体创新。据宋君杰介绍，开始冯克善以云游僧的身份在河北饶阳桑园村授拳，当时传授的是十二路华拳，后来又到北官庄的拳场停留了八年，在此地主要传授六合枪、金刚锤、奇枪八卦刀等。期间不仅培养了大批子弟，还把绝学脚踢柏木桩、百日神功、金钟罩、铁布衫等留在了北官庄，这也为饶阳戳脚流派以及功法的形成打下了坚实的基础。

刘景山在《戳脚》中，对冯克善身世的记载是：冯克善越狱后化装成少林寺云游僧人隐匿于河北省饶阳一带，经段老绪接待，冯等三人先后在饶阳县、深县、蠡县、固安县的几个村庄授艺达二十余年。[3]在此阶段，冯克善辗转保定蠡县、沧州肃宁以及廊坊等地区，传授其他风格的戳脚拳术。之后，冯克善又返回河北衡水，在饶阳前铺、大官厅、深县杏叶、冯庄、固安蒋家营及献县冉三角等地区进行授拳活动。经过冯克善几十年的刻苦习练和钻研，最终创立了较为成熟的戳脚。随着习练者的增加，戳脚逐渐传往北京、天津、辽宁等地区，随其发展，北方各地区逐渐形成了独具风格、各有侧重的戳脚[4]。

河北作为戳脚等拳种的发祥地和辐射中心与沧州密不可分。沧州是大运河上一个重要的枢纽，南来北往的商贾云集于此，保障漕运平稳有序运行，保护商人和货

[1] 兰簃外吏. 靖逆记 [M]. 上海：上海书店，1987：127.

[2] 范文澜. 中国通史简编 [M]. 天津：天津人民出版社，2020.

[3] 刘景山. 戳脚 [M]. 石家庄：河北人民出版社，1983：532.

[4] 宋君杰. 戳脚汇宗饶阳戳脚：金刚锤 [M]. 北京：团结出版社，2015：1-2.

物的安全，不仅需要官方的治理，也需要民间的协同，镖局便是重要的协稳途径之一，能够立足的镖师必定是武功高强的习武人。沧州世风“俗重气侠，故班志述其土风慷慨”“习于燕丹荆轲之遗风，慷慨悲歌、尚任侠、矜气勇，然其性资之质直，尊吏畏法务耕劝织，则历代所不易也”。加之军屯移民的大量迁入，为武林高手云集创造了条件。民国之际，沧州武林英豪更是组会建馆、理论创新、多方传承、尚武示壮、杀敌卫国[1]。沧州武术突出表现为：门派众多，理论丰富。“该段时间内传承的代表性拳种有：八极、劈挂、燕青、六合、八卦、功力、查滑、太祖等，而疯魔棍、苗刀、戳脚、阴手枪等拳械则为沧州所独有”。[2]实际上，河北很多地区都具有类似的环境，也拥有相似的习武氛围。冯克善就是在这样的环境中，广泛吸取众多拳种的技法，不断凝练自身特色，集大成地创生出戳脚，并将其传授给他人，形成戳脚的传承链条。

二、传承谱系

武术拳种的传承脉络犹如大树，主干是传承的主体，枝杈相当于不同层面的支系。唯有枝繁方呈叶茂，拳种才能广泛传播和传承，成为参天大树。通过口头、文本记载的传承谱系则像反映实际传承的树状图一样，生动、直观、清晰地将拳种的传承脉络展现在世人面前。

武术拳种传承谱系是对某拳种历代传承人称号、序位的记录。传承谱系不仅以师徒、长幼排序的形式明晰了武术人的伦理关系，而且进一步确定了门户成员的合法性身份，明确了拳种讯息传递方式和技法流变过程。从现存的史料来看，戳脚主体传承相对有序，当然也存在代际的交织、域间的错序、辈分的错位等情况。比如，在河北境内，戳脚修谱频率高于其他地域，代际更迭频繁使传承人代位要高于异域。

第一代：冯克善（又称赵老灿、赵洛灿、赵灿章）。

第二代：段老绪（段洛绪）、周老亭、刘老旺、李老题、刘攀贵、刘观澜、刘贵馨、魏昌义、魏洛芳、王洛梓。

第三代：曹志忠（神弹弓）、计老宏（铁腿）、赵老志、王老元（四大名捕）、刘振江、胡奉三、郝鸣久、王占鳌（铁腿王，永顺镖局）、张景天、赵振基、魏赞魁（魏铁腿）、王洛苍、王勇、于印同、李效先、徐凤造、徐兆熊、郭洛溪、李洛甫、严文平、刘松林、李文林。

[1] 李文厂. 沧州武术［M］. 北京：新华出版社，2010：507.

[2] 韩红雨. 国家与社会视野下沧州武术研究［D］. 上海：上海体育学院，2015：43.

第四代：王五更、计同余、赵樊福、耿玉泰（八兄弟）、刘仁义、魏希贤、王云鹏、肖春荣、魏跃先、吴振堂、吴斌楼、张勤增、刘景山、胡星五。

第五代：由于其历史时期为社会发展的转折时期，其传承人及代表性人物分布呈现“多地域集合，广范围分散”的特点。河北地域：李树茂、路德仁、宋中和、王组织、尹学杰、魏树九、王德鑫、魏宗汉、刘化峰、张双龙、李志祥、邓复兴、吴泽田、李文考、戴相峰、王瑞祥、杨玉凯、李坚、钱德华、李文兴、王丕民。

东北地域：于伯谦、常双年、刘学会、崔林生、曹照田、刘振民、孙长立、史立民。

京畿地域：刘学勃、门惠丰、马青柯、孙桂芬、李进才、王鹤岑、洪志田、祁志平、吴志刚。

第六代：有以传承戳脚为本的河北宋君杰、苗晓兰、金文志，还有其他地域扩布戳脚的李木通、李炳才、安明振、李炳福、安明山、李海胜、赵建国、柳采风、索永建、李世明等代表人物。

第三节　戳脚的发展现状

一、发展现状

戳脚在河北境内，主要流传于保定蠡县、沧州肃宁县、衡水饶阳县、廊坊固安县，各地传承发展现状表现不一。在廊坊固安县，主要传统拳种是八卦掌和戳脚，但在发展过程中，戳脚的影响力远不如八卦掌。沧州作为全国武术之乡，拳种众多，在发展过程中最为突出的有八极拳、燕青拳等，戳脚的知名度较高，但区域性表现明显，主要局限在肃宁县流传，且群体多集中于青少年。保定蠡县仅仅在县内个别学校进行教授，现今大多数传承人已经离开蠡县。目前河北地区戳脚发展状况较好的当属衡水饶阳。饶阳戳脚在推进戳脚发展的成功经验主要有：

（一）找准结合点

饶阳戳脚将“武术六进”与“非遗进校园”进行结合，促进戳脚的校园传播。传承人负责组织拳师，定期前往各中小学校义务教授学生习练戳脚，现已走遍衡水各中小学校以及省外多所学校。民俗节日时，戳脚协会成员会前往各地社区和农村表演戳脚，不仅扩大了戳脚的影响力，也丰富了公众的文化活动。

除此以外，为了促进饶阳戳脚的社会传播，积极响应“全民健身”的号召，设立了戳脚健身站点，戳脚拳师们免费教授市民戳脚拳术，带领大家参与全民健身活动。

（二）疏通传播链

饶阳戳脚的传承人重视媒体宣传，制作戳脚宣传片和纪录片，并通过电视、互联网平台进行播放。同时，随着社会对饶阳戳脚关注度的增加，戳脚传承人通过参与电视节目录制等方式扩大戳脚影响力。每年各地举办的传统武术大赛、交流会和研讨会上，也都有饶阳戳脚的身影，其影响力日益扩大。

（三）举办全国性活动

为了扩大饶阳戳脚全国影响力，戳脚协会举办了“戳脚万里行”活动。截至2019年12月，饶阳戳脚已遍布北京、山东、山西、浙江、厦门、陕西、内蒙古等多地。2019年5月，饶阳戳脚亮相中国国家博物馆，这是我国首个进入国家博物馆的传统武术非遗项目。同年，赴国家会议中心参加北京国际旅游博览会，为国外友人展示中国传统武术文化的魅力。

二、制约因素与超越发展

传统武术的主要传承方式是拳师口传身授、一招一式进行教学。从饶阳戳脚的传承谱系中可以看到，第六代和第七代传承人是饶阳戳脚的传承主力。随着老一辈传承人逝世以及新一代传承人缺失，戳脚的传承出现断层现象，而民众对戳脚拳术蕴含的文化内涵和价值了解不多，多为一时感兴趣，或为掌握防身方法，或为升学、就业，并未真正把戳脚当作传统文化来传承。伴随着城市化进程，富有学习动力的青年劳动力逐渐向城镇转移，时代性迁徙迫使他们不得已放弃习练戳脚等武术活动。这些原因都在一定程度上影响了戳脚的承续问题。

通过对戳脚的历史渊源和主要传承地域梳理得知，在初创时期，传承人把不同特色的戳脚拳带到了廊坊、蠡县、北京、天津、辽宁等地区，由此形成了不同的流派。但是，戳脚在后续发展中，多以固守为主。虽然通过近几年的宣传活动以及不断参加各地武术比赛，戳脚在武术界的知名度有所提高，然而在普通公众中的影响力和知名度仍有待加强。常听人们这样说：“邯郸人都练太极拳，饶阳戳脚没听过。”同样都是拳种的发源地，与八极拳等拳种相比，不同拳种发展现状差距十分明显。戳脚更适宜于青少年习练，其受众群体相对狭窄。要改变这种状况，应该顺应时代要求，及时进行合理创新，编排一些适合中老年人习练的武术套路，提高中老年人的学习兴趣，扩大戳脚的受众群体范围。

在戳脚发展中，应当坚持“政府主导、社会参与”的原则，加强戳脚宣传工作力度，提高大众对戳脚的认知度，了解其历史源流、文化内涵，推动戳脚的传承发展。

第二章　戳脚拳理

第一节　戳脚拳理介绍

戳脚，是以“拳似门，脚打人”为技击理念，以腿脚功夫见长，且以浓郁地域特色著称的传统武术拳种。戳脚被誉为“北腿”代表拳种，以手脚并用、腿法突出、腿脚多变为风格特点。历经百余年传承，戳脚已逐渐发展为一个传承相对稳定、脉络较为清晰、技法流派众多、套路层次分明、功法朴实凌厉、风格独特别致、传承相对广泛的地域性拳种。

拳理是以技击为核心内容的拳种的内在遵循规律，为习武人理性归纳和解读后的拳种基本原理[1]。

戳脚的运动特点总体而言是拳脚并重、突出腿法，且腿法变化多端。具体而言，武趟子在姿势方面表现为功架较大、动作舒展；在劲法方面表现为刚健有力、刚中寓柔；在技击方面表现为硬攻直进、烈打猛冲、放长击远。文趟子在姿势方面功架较小，动作简练严谨、灵活多变；在劲法方面表现为寓刚于柔、柔而后刚；在技击方面表现为注重防守、防而后攻，其攻防内涵表现比较含蓄。虽然文、武有别，但是两种趟子在练法上都要求手法、腿法、身法、气法有机配合，内外如一、形神兼备。

戳脚的拳理可以分为总论和分论。

一、戳脚拳理总论

《戳脚拳论》曰：“手为先锋，脚为主帅，拳打六路，脚踢八方。”[2]戳脚追求手与脚、拳与腿之间的协调配合，以“双手两扇门，全凭脚打人”为技击理念，力求充分发挥下肢腿法的力量、速度和灵敏，以期在实战中达到一招制敌的目的。

[1] 郑旭旭. 中国武术导论［M］. 北京：高等教育出版社，2010：46.

[2] 张洪国，张财林. “手为先锋，脚为主帅”——戳脚技击思想浅析［J］. 武当，2013（05）：37.

从拳论中可以看出，上肢手法除被动防守外，更有主动进攻、“手为先锋”的作用，凸显攻防中拳法灵敏、击打快捷的特点。手法技击点多在对手的头面部，进攻凌厉可率先击中对手面门，产生一招制敌的效果；进攻快捷，能够干扰对手的视线，便于其他招法的有效应用。在实战中仅依托腿法进攻，一方面，容易出现踢腿半边空的潜在风险，也不能体现远踢近打、灵活应敌的效果。另一方面，如果没有手法的配合，很难做到虚实相生。手法的虚引，迫使对手露出破绽，上肢手法与下肢腿法相互配合做到上下联动、虚实相生，更利于一招制敌。只有拳打六路，方可呈脚踢八方之威。这是辩证统一的拳理，同时也暗含一阴一阳之道。

“脚为主帅”点明了戳脚的技法核心。与其他拳种相比，戳脚的腿法相对丰富，几乎是招招有腿、式式见脚。所以在拳论中强调“腿有八法”，即掀、摆、踢（寸）、蹬（勾、挂、弹、蹶、踹）、插、点、圈、提。这些腿法虽各有侧重但又相互联系。每种腿法都以腿的纵轴旋拧划弧、走圆，这不仅能够增强腿法的攻击力量，而且在防守过程中，腿法的内扣自旋也有化解对方力量的作用。实施腿法进攻时，自转的腿使得对手难以接抱[1]。欲达到腿法的实用性，习练者一方面要重视下肢自身功力与击打部位相结合的练习方法，还需在使用腿法时，准确掌握腿法打击点的部位，要求力点准确、着力清晰。脚在戳脚腿法中相当于弹头，不同的弹头，打击的效果千差万别。在功法练习中，踢沙袋、踢木板、踢木桩、踢砖头、踢地面等训练方法众多，其目的就是要练就脚的着力点的击打能力。另一方面，要重视下肢应用的时机和方法。选择相应的练习方法。进行上下结合的技法组合练习，使得手法的引进落空、虚实相生与腿法的声东击西、一招制敌融为一体，做到长短合法、攻守合度，既有手法的一寸短、一寸巧，又有腿法的一寸长、一寸强。在练习中，多采用双人对练、模拟实战的方法。由于戳脚的腿法特殊，除了直摆、屈伸、扫转类型的腿法外，还有拧扣、点戳、撩挂类别的腿法，对此，每种腿法都存在着特殊性，其练法、用法各不相同，必须掌握不同腿法技术动作的路线、发力、着力的技术规范，唯有方法得当，才能运用得力。

戳脚注重协调运用脚法。《戳脚拳论》中对脚法运用有“眼有鉴察之精，手有搏转之能，脚有行进之功”之说。一般而言，“脚前进，身随之；脚后退，身亦随之；脚里进，身斜之；脚外进，身伏；脚踢，手领之。手为先锋，脚为主帅。拳打六路，脚踢八方。脚出时，身先晃动，视其敌人之眼目，手以领，脚疾发出。谱云：“足踢敌人莫容情，全凭手领门路清，手不虚发不空回，飞脚点于肋，百发百

[1] 苗晓兰专访实录，2022年5月20日，于石家庄市卡梅迪亚（北京）文化发展有限公司.

胜。[1]戳脚拳理强调腿法的“顺”与“合”，不练腿者或腿法习练不精者，其必五行不顺、六合不对、出势不疾、进退不灵、运用筋骨不易也。比如，戳脚经典的“玉环步鸳鸯脚”中，以“寸腿冲拳”上下手脚并用，令对手眼花缭乱，以此主动试探，随即灵敏地“转身收腿”，诱敌深入，待时机成熟，再实施“鸳鸯脚”踢对手裆腹，后撩腿脚前掌用力戳地，防敌搂抱我腿，并伺机再度后撩进攻。戳脚交手要诀格外讲求与人交手，妙在静乱分明。假如对手静以待我，我先用虚手以晃，使彼眼乱，眼乱则心乱，从而乘之。这些要诀体现了戳脚灵敏多变攻防技法。

二、戳脚的拳理分论

（一）劲论

劲力体现着中国武术的特色，也反映出不同拳种的特征，如南拳的刚爆劲，翻子拳的脆快劲，八极拳的崩撼劲，形意拳的明、暗、化三劲等。风格迥异的劲法也凸显了拳种的丰富多彩。《中国武术实用大全》对武术中的劲力作出了解读，认为力是指大脑指挥下的肌肉收缩力，劲是指意识支配下的气息吐纳与肌肉收缩按照动作规格有序配合产生的力[2]，劲力是武术特有的身体用力方式。具体而言，劲力是根据不同拳种技法要求，习练者所表现出的身体用力方式和力量类型。戳脚劲法按照其演练和技击的动作规格概括起来有5种，即绵、软、硬、脆、滑。这些劲力与普通人常用的力量和其他拳种的劲道存在差异，必须经过专项习练才能获得。绵劲者，彼进我退，彼退我进，顺人之势，借人之力，专用伸缩，不事遮拦，巧如无此心，似乎被对手任意摆布，成为对手的影子，实则为绵里藏针。软劲者，练拳之际，不逞强，不硬架，两膀软如绵，若不着人则舒散自由，一着人则力从内发，有推墙倒壁之势，一张一弛，松软中蓄积能量，不在动作过程中消耗过多力量。硬劲者，硬功直进也。硬磕、硬撞、硬托、硬架，而能活腕、能伸膀，力从内发，故不失于拙笨，抓住战机，将周身力量用于一点，完成打击，恰似火山喷发。脆（萃）劲者，聚也。将劲全贯于手腕，而膀与身毫不带力，灵活快变，故着人最捷。发力时要聚力，在触及目标时短促发力，此乃寸劲的衍生。滑劲者，溜滑也。随机应变妙如转环，能使敌人望空扑影，无人摸索，手至此则神而神矣，好似游动的蟒蛇，灵活移动，伺机而出，适时发力[3]。演练戳脚总体上要求“浑身力整”，并做到柔软、怯绵、灵活、刚闪，进而符合“起于根、顺于中、达于梢”的传统武

[1] 刘景山. 戳脚［M］. 石家庄：河北人民出版社，1983：520.

[2] 康戈武. 中国武术实用大全［M］. 北京：今日中国出版社，1990：397.

[3] 刘景山. 戳脚［M］. 石家庄：河北人民出版社，1983：30.

术劲力传递过程，使功夫进入炉火纯青的境界。

（二）拳论

演拳、用拳时十分注重拳势，势是拳种中动作的状态，以及技法的运用过程。无论是单个动作，还是整套技法，势有静态和动态之分，动与静是相对状态，两者转化的有机程度，是习练者水平的重要标志之一。动静之间的过渡和转化能够灵活迅捷是拳法得势的表现。在拳法的技法实用中，攻与防动作转变绝非仅仅是待进攻动作结束，才重新启动防守动作这种机械的转变，攻与防暗含阴阳、虚实之变，攻中含防，防中兼攻，如果没有这种变化，则很难形成武术特有的攻防之势，会被扭曲为如广播操一般的节律性运动。以太极拳为例，太极拳行拳中的“蓄”与“发”便是势的最形象的表现，行拳“蓄”劲，得势而“发”，为“发”而“蓄”，因“蓄”生“发”，两者势势相生。戳脚之势，须明确“手臂莫如股之长，诚然，股虽长，却不及手之灵”。实战之势，“手快打手慢”“手似两扇门，全凭脚打人”皆体现出手（拳）的灵巧、先锋的作用，也从侧面体现出阴阳虚实、声东击西、指上打下的拳势和立体攻防。作为先锋的拳，在以腿法见长的戳脚中亦发挥着重要作用。推、提、绵、转、贴、穿、缠、展等手法与半把拳、凤头拳等手型结合，随势而变、因人而异，以灵活见长，更凸显戳脚的“拳脚并举，突出用腿”。戳脚以拳为虚，以腿为实，虚招是实招腿法的先锋。

与敌交手迟则负，速则胜。戳脚虽以腿法见长外，其手法也别具一格，手型多变，不拘于型，“开石雷”“似箭手”“云摩手”等是戳脚中特征明显、技法突出的手法。在技击中，戳脚讲求“手法八变”，即阴、阳、立、戳、梗、中、坠、撮，在与人技击交手时要知阴阳、晓虚实，因人、因势临敌应变，可谓“阴阳不断者万不可与人交手”。

（三）腿论

相对于形意拳讲究的步法扒地，戳脚则追求步法的灵巧与快准。形意拳“虎扑是前扑之后的回力，脚下能向前蹿，也能向后蹿”，这不仅是对步法的形象表述，更是助力发挥劈拳寸劲的关键所在。当然，腿法与步法是拳种技法整合的关键所在，各拳种都讲究“消息全凭后脚蹬”“步不快则拳慢，步不稳则拳乱”。戳脚在一步一腿中追求“下肢发脚，半步赢人，似踢非踢，声东击西”，在灵活稳健的步法配合下，以似踢非踢的腿法，力求在较近的击打范围内“半步赢人”，这样可以避免下盘失衡。

欲求腿法的稳定与快捷，戳脚特有的转趾不容忽视。如发腿的同时，支撑腿的脚要根据腿法的不同，蹍动脚跟，脚尖内扣或外展，充分借旋转脚带动躯干拧转，汇聚周身力量于腿。由于戳脚腿法丰富，而且用法各异，转趾的方法也各不相同。但是，万变不离其宗，拧转带力的转趾与稳准发力的出腿协调一致最为重要。

戳脚步法决定腿法的使用效果。脚（步）为身之基，脚（步）稳则身稳。脚前进，身随之；脚后退，身亦随之；脚里进，身斜之；脚外进，身伏之；脚踢之，手领之。以上的论述，足以说明步法的重要性[1]。现代的拳击、武术散打所强调的距离感，借助传统拳种的步法拳理，通过“步为身基”的脚步移动将攻防距离保持在有效范围，以便于有效地攻或防。与此同时，切记手为先锋，脚为帅；拳打六路，脚踢八方。拳谱云：“足踢敌人莫容情，全凭手领门路清；手不虚发不空回，飞脚点于肋，百发百胜。”[2]须时刻明确欲求脚踢七分，手打三分，必须做到脚之疾更当疾于手之疾。

（四）身论

“身”，本意表示妇女怀孕。引申为人、动物的躯体、物体的主体或主要部分[3]。《说文解字》中阐明：“身，躬也。象人之形。”[4]由此可见，身多指人体的躯干。武术中的身法，主要是指躯干运动的表现方法。躯干作为身体运动的中心部位，四肢的运动均以躯干为中枢，躯干的展缩、折弯、俯仰随着进攻与防守而变换，身法是否合度影响着手法和步法动作的完成。要充分应用躯干的活动幅度达到手足的“一寸长，一寸强”的攻击威力[5]。戳脚演拳之法身体要灵、步数要清、手腕要活、膀子要伸。身体灵则跳跃必便，步数清则进退不乱，手腕活则变化无穷，膀子伸则手可及人。在身法上要求中正、灵活，主宰于腰，宾辅肩胯。出手由脊发，出脚从臀输，二者均借以腰隙肩胯。做到柔中蕴刚、显刚隐柔、静中有动、动中有静、刚柔咸宜、动静有度、若即若离、式式相随。

戳脚重视身法。身法的协调程度影响着上下肢动作的协调与内外气力的合一。身法中首先要注意“身正”，闾尾守中便于左右开弓。其次“身拔”，即身体挺拔，便于收放备弓。再次为“身沉”，气血下沉、松至脚下、松沉至极、刚爆反弹。作为中枢的身法，是贯穿手法与步法、腿法，特别是手脚并用技法的衔接环

[1] 刘景山. 戳脚 [M]. 石家庄：河北人民出版社，1983：520.
[2] 李印林. 隆尧县武术史 [M]. 北京：团结出版社，2019：175.
[3] 魏励. 常用汉字源流字典 [M]. 上海：上海辞书出版社，2010：365.
[4] 桂馥. 说文解字义证 [M]. 济南：齐鲁书社，1987：714.
[5] 郑旭旭. 中国武术导论 [M]. 北京：高等教育出版社，2010：47.

节。俗话说，步法用腰走，逢上步、退步、逃步、偷步、垫步、舍步、闯步等必先走腰，“腰为主宰，脚下相随”，身法更是心肺功能与技术动作有机协调的身体保障。所谓蓄力，实际上就是心肺功能与运动系统的协同过程。发力则是协同后的作用过程。可见，身法也连接着劲力的“蓄”与“发”。

（五）神论

形神兼备、内外兼修是中国武术的特质。神之所指，形之所向，王宗岳在《十三势行功心解》中表述：“精神能提得起，则无迟重之虞。意气须换得灵，乃有圆活之趋。”[1]传统武术在神论上既有博采众家之长的“八法”之要，亦突出各自拳种风格特点，如戳脚在论其神时讲求精神与意念，在行拳演练时首要“正心诚意”，要求“神宜内敛”“以心行气”“稳脑、稳心、稳气”“脑稳则心不惶，心稳则气不散，气稳则力自均”。在体悟内外兼修境界的同时，对心和脑也形成了感性的认知，先贤则通过理性分析对“神”作出了层级化的论述，《黄帝内经·灵枢》中对脑的表述为“脑为髓之海”[2]“心藏神”[3]，认为心是灵魂、元神之所在。《管子·内业》中指出“精也者，气之精者也”[4]。《庄子·秋水》说“夫精，小之微也”[5]，指出精乃气之所精。《淮南子·主术训》进一步分析道：“至精为神。”[6]指出神为贵。以此看出，身—脑—技—精—神—魂的逻辑层级，以及身心合一的客观实在。戳脚六合分内外。外六合为：背与肩合，肩与肘合，肘与手合，腰与胯合，胯与膝合，膝与脚合。内六合为：神与心合，心与意合，意与气合，气与力合，力与筋合，筋与血合。内外六合彼此相关，有机实现身心合一，通过外显的技法表现拳种的内在精神和意识。

意识是从诸多的身体行为体验中，不断积累、积淀、总结后形成的合成性认知。神在某种程度上就是人的意识表现。长期的戳脚技法习练会产生相应的戳脚技法意识。长期习练戳脚，会改变习练者使用武术技法的意识，会自然地倾向于腿法能够充分发挥一寸长一寸强的作用，但也可能会淡忘或忽略起腿半边空的风险。

[1] 李亦畲. 王宗岳太极拳论［M］. 二水居士，校注. 北京：北京科学技术出版社，2016：132.

[2] 中华文化讲堂. 黄帝内经下［M］. 北京：团结出版社：2018：771.

[3] 中华文化讲堂. 黄帝内经上［M］. 北京：团结出版社：2018：129.

[4] 管仲. 管子［M］. 李山，轩新丽，译注. 北京：中华书局，2009：265.

[5] 庄子. 庄子［M］. 孙通海，译注. 北京：中华书局，2009：248.

[6] 刘安. 淮南子［M］. 顾迁，译注. 北京：中华书局，2009：146.

第二节　戳脚功法特点

戳脚技法须精湛方可用，而精湛技法须经功法淬炼方可得。各拳种的技法都讲求实用，如果仅仅是招式，没有相应的功力，这种招式必定会被逐渐淘汰。即使是掌握了精湛的技法，也会出现效果不佳、失误等问题。这类情况的出现，究其根本是功力水平所限。正如程宗猷所言："惟练习精熟，心手相应，来快去速，则万全矣。"[1]此处练习精熟，绝非仅仅是技法的精熟，更有功力的深厚。一日习练一丝功，一日不练功半削。这种说法得到了现代训练理论的支撑，力量素质在身体素质中消退最快，可以说力量素质在功力中占据重要地位。功力需要借助功法来练习，不同的功力也需要不同的功法加强，犹如力量素质练习的专门性原则。

当然，功力绝非仅是力量素质，其包含着多种身体素质。这些身体素质相互影响、相互制约、相得益彰。在提升功力水平的过程中，必须依托相应的功法，功法不同，作用各异。在技法运用中，不同功法发挥着不同的功效，既有"一力降十会"，又有"以巧破千斤"。因此，功法练习要促进身体素质全面发展不可偏颇。比如：练腿应当有软腿，运脚为劈任自然。先练桩法为基础，死桩活桩规格严。野鸟转枝活桩步，死桩站了练脚尖。手使推、提、绵、转、贴、穿、缠、展八字连。丁、踹、拐、点为拳母，蹶、挫、蹬、踜进腿闪。由于戳脚拳路分文武，弛张松紧不一般，功法要求自然各异。[2]

戳脚具有为战而生的独特技击功法，更有为命而存的养生功法。戳脚的技击功法和养生功法使得戳脚内外兼修，体现了戳脚文、武趟子的文武之道。

一、技击功法

武术在古代军事战争需求的驱动下，拳种、技法被打造成身体武器。各拳种通过不同的功法对技法进行磨砺，不断地打造属于本拳种的利器，戳脚所磨砺的身体武器中，尤以腿法为利刃，其独特的"脱腿为刀""化腿为刃"在传统武术中独树一帜。

功法练习的目标就是实用，欲达到"足踢敌人莫容情，全凭手领门路清，手不虚发不空回，飞脚点于肋，百发百胜"的实战技击效果，须根据戳脚技击脚踢七

[1] 程宗猷. 耕余剩技［M］. 北京：中华书局，2021：130-131.

[2] 佟庆辉. 武术散打技法［M］. 北京：北京体育学院出版社，1987：40.

分、手打三分、脚为主帅、手为先锋等具体技法规范，通过专项的功法习练，练就戳脚独特的功法，凸显出拳种间“拳势不同风，技击不同法，练功不同术”的特质。“动则山裂把跟崩，不接猛力力发涌”形象地表达了戳脚的功法气势。欲求达到这种状态，需要习练者在技法练习方法规范的基础上，以持之以恒的精神，不断地通过专用的功法，增强功力水平。

（一）腿有八法

武术中的腿法是指习练或技击过程中下肢的运用方法。戳脚的腿法概括为“提、圈、掀、点、插、摆、踢（寸）、蹬”八法，突出了勾、挂、弹、蹶、踹等技术。摆腿为摆莲花之母，寸腿为踢脚之母，蹬腿为飞云踩子脚之母，插腿为缠丝腿之母，点脚为叶里藏花之母，圈腿为扣金钟之母，提腿为提皇腿。[1]“母”可理解为技法使用的基础和运用变化的起点。作为腿法基础的八法，在各种腿法使用中，要循八法，用其窍，顺其力，获其效。戳脚以腿法为本，须沉浸式地体验腿之法、法之巧，力求腿法纯熟则“顺五行，对六合，出势急，进退灵”。

（二）手有八法

武术中的手法是指习练或技击过程中手臂运用方法。戳脚手法概括为“起、落、掤、翻、钻、转、横、竖”八法，突出了拧、扣、抓、挠、挖的技术。上行之手为“起”，包含托、挑、撩等手法；下行之手为“落”，包含压、砸、按等手法；手腕发力催拳为“掤”，分为大掤、小掤，膀臂晃动为大掤，前臂手腕发力为小掤。手臂旋转发力为“翻”，手自另一手上或下而出为“钻”，前臂手腕扭为“转”，手臂向外靠为“横”，手向前而出或向后而拽为“竖”。戳脚要求行拳时讲明劲法，练心定气，要识阴阳、善变换，拳、掌、勾、指皆变换灵活，方可刚柔相济。手之八法是有效完成戳脚手法技术的重要方法，在运用各种手法时，须恰到好处地运用八法，以求手法以巧劲胜蛮力，以细腻赢粗放，发挥“两扇门”作用的同时，不失时机地实施快捷进攻。

（三）身有八法

武术中的身法是指习练或技击过程中躯干的运行方法。戳脚身法概括为“挤、撞、晃、扛、伸、缩、抖、坐”八法。身体挤靠为“挤”，以肩膀撞击为“撞”，晃动身躯闪避或晃肩膀发力为“晃”，以肩背发力背扛为“扛”，放长击远、舒

[1] 刘景山. 戳脚［M］. 石家庄：河北人民出版社，1983：521.

展身体为“伸”，含胸收腹或躲闪或蓄力为“缩”，身体抖动或发力或挣脱为“抖”，勾缠搂抱时臀击对方腿部为“坐”。身之八法，是戳脚习练中特有的、合理的躯干运动方法。只有恰当运用身法，方能凸显“柔软、怯绵、灵活、刚闪”的身法特点，做到步随身行、手随身动、上下相随、周身一体、外示怯弱、内存刚强、刚柔相济、动静有法。

（四）对有八靠

“对”是一种双人徒手练习，是传统武术习练过程中由“练”到“战”的必由之路，同时也可以检验拳术套路练习时是否做到拳架工整、演练正确、技法合理。向恺然在《拳术传薪录》中指出“习技不可不习对打”。戳脚在对练时，以身体8个部位相互靠击，通过对臂、腿、肩等身体8个部位强化练习，以此增强身体抗击、抗震能力和随时利用身体打击对方的技能。八靠为臂靠、腿靠、肩靠、胸靠、背靠、肋部靠、臀部靠、脚背靠。练习伊始，在注意靠击部位的同时，也要注意步法和呼吸的协调，以此可有效提高击打力度和抗击打能力。定位靠法练习熟练之后，在走转中，充分结合实战，将各种靠法有机结合在一起，根据不同的情境使用不同的部位进行对靠，练就这种能力，方能达到灵活使用靠法于实战之中。

（五）势有三尖

中国传统武术众多拳种都有“三尖相照”的说法。《苌氏武技书》认为，“头、手、脚，三尖也。”“三尖照者，鼻尖、手尖、脚尖，上下一线相照也。”[1]《戳脚拳论》中也明确要求拳尖直出时鼻尖要正、要平，否则前倾、后仰，脚下无力，四方不顾，偏右则左虚，偏左则右虚，出拳时拳尖与脚尖齐，脚踢手随，手足齐起齐落，拳打脚进。习拳技击时只有做到“三尖相照”才能形成拳势相连，劲力迅猛，同时也暗合戳脚阴把枪的功用[2]。根据正奇观点，“正”总是攻防首选。在正面防守中，必须运用三尖相照方式有效防守，否则正面被破，一溃千里。在正面进攻中，三尖相照能够保障在最短的进攻路线上，伺机实施上、中、下三盘势如破竹的强攻。

（六）功有踢桩

踢桩是用踢、蹬、铲、挑等多种腿法对桩练习，以增强腿部力量和脚的击打能

[1] 徐震. 苌氏武技书［M］. 太原：山西科学技术出版社，2006.
[2] 刘景山. 戳脚［M］. 石家庄：河北人民出版社，1983：518.

力。不同的腿法，踢桩方法不尽相同。以踢为例，踢桩时一腿弯曲，另一腿摆踢，踢击脚尖勾起，脚底猛击木桩。踢桩所使用的木桩多为质地坚硬的榆木，木桩半埋于地下，习练者踢击露出地面的木桩，功力深厚者能使木桩应声而断。现在的桩子已经通过新材料的运用来保护习练者，即使如此，习练者在练习时也应循序渐进，可先用海绵、沙袋进行隔垫。踢桩还有用脚掌踢击地面、砖头、树墩、轮胎、沙袋等，待技法娴熟、功力渐强后，可运用踢击活动靶位、空中抛物等方式和方法以求模拟实战。

（七）腿有法度

腿法练好，五形则顺，六合则对。不练腿者必五行不顺、六合不对、出势不疾、进退不灵、运用筋骨不易也。戳脚腿法讲究“寸”。所谓的“寸”，不仅指面积，与丈尺相比，寸有所短，但寸小压强大，此乃寸之长。寸还指时间，与昼夜相比，寸属分秒。实战在分秒之刻，立决高下，可见寸有所长。因此，戳脚腿法的法度表现有二：一是要求击打身体薄弱部位的准确性，二是要求起腿攻防的敏捷性。在练习时讲究腿法与步法、身法和手法相合，并将连环腿、剪腿、鸳鸯腿、蹉脚、踩莲、外撞腿等腿法进行反复练习，做到起腿有法，进退有度。

二、养生功法

对于戳脚来说，人们很难想象这个以技击见长的拳种居然还有养生功法。其实，养生是所有拳种的根本，唯有习武人的身体强健，才能合理使用身体武器。况且，随着军事战争性质的改变，火器逐步替代了冷兵器，武术在战场上的搏杀功能日渐式微。随之而来，养生功法得到了习武人和民众的青睐，拳种也迎来了新的生存空间和机遇。

《戳脚拳论》中提及养生功法主要集中在内外五行说、蔽四梢说。其中，将五行作为养生功法的核心，与五手、五脚、五脏相合，谱云“五脏本是五层关，无病把守自遮拦”[1]。戳脚养生功法既体现出中国传统文化的“贵生”基因，也暗含着传统武术拳种由人为缘起，向为人服务的文明化发展趋势。

（一）内外五行说

五行即金、木、水、火、土，五手为钻、崩、带、转、拿，五脚为踢、摆、圈、点、插，五脏即心、肝、脾、肺、肾。戳脚与其他传统武术拳种一致，力求内

[1] 刘景山. 戳脚［M］. 石家庄：河北人民出版社，1983：523.

外相合，性命双修，连而为一，故内外五行要顺。外五行为五手、五脚，内五行为五脏。崩、踢属木，气发于肝，故崩拳、踢脚可养肝；带手、摆腿属火，气发于心，故养心血；转、圈属土，气发于脾，故转手、圈腿可养脾；拿、插属金，气发于肺，故拿法、脚插可养肺；钻、点属水，气发于肾，故钻手、脚点可养肾。通过崩拳、脚踢的疾起快落，骨梢用力可以养肝；带手、摆腿动作刚猛，习练可以以血梢之力养心；转手、圈腿需要全身周身用力，习练时犹如土地之厚重，可以养脾；拿法、插腿发力于筋梢，钻手柔中有刚、脚点疾点速收，故养肺、肾。

（二）蔽四梢说

四梢者，舌为肉之梢，齿为骨之梢，手指、脚趾为筋之梢，毛发为血之梢。练习时要求四梢齐蔽，舌要顶，齿要叩，手指、脚趾皆扣，毛孔收紧。舌上顶则生津，齿要叩则气贯于骨髓，手指、脚趾要扣则气注于筋，毛孔收紧则气沉而坚。一齐如法为之，无先后迟速之分，盖四者有一缺点则气散而力怠，不足以言技。

五行配五脏，五手合五脚，气沉于丹田，体健气力足。习练时先要定心，以心为上，练气为要，通过戳脚养生功习练，长此以往不但做到周身一体，刚柔相济，内外兼修，更能筋骨强健，脚下生根，诚如中医所说“气壮则体健，气舒则病除”。借助现代运动生理学的说法，戳脚能够促使运动器官的有效锻炼，使肌肉变得富有弹性，动作变得灵活，同时，心肺机能也得到相应提升，心率出现低频的运动员，供能效果提高，肺活量加大，血流通畅。心理学则认为，这种神经肌肉系统的唤醒状态，能够有效地激活愉悦的心境，使人保持愉快、积极的心态。戳脚技法由于腿法练习内容较多，因此，能帮助下肢的静脉血回流，具有通畅气血的良好作用，这是戳脚相较于其他拳种的优势之一。

第三节　戳脚技术风格与特色

在南拳北腿的武术大家庭中，“北腿之杰”的戳脚是北腿的代表性拳种。戳脚分武趟子、文趟子，各有九路，其发轫阶段以武趟子为主体，随后习武人不断完善和改进，衍生出文趟子。武趟子多上盘腿法，架势较大，动作舒展，硬攻直进，以刚为主。文趟子多下盘腿法，架势小巧，灵活善变，逼进靠打，柔和寓刚。以腿法见长的戳脚，具有飘、踧、蹶、撩、圈、抹、跺、戳、提、点、抖、踹等腿法，不仅技法独特，出招应用新异，且包含着独有的绵、软、埂、脆、滑劲法，突出地表现出颠翻倒插、高低回环、前后倒踢、横斜反闯、猛踢烈打、宜刚宜柔、刚健矫捷的技术风格与特色。

戳脚虽然不及太极拳、八极拳、八卦掌、形意拳、南拳等拳种的名气大，但是戳脚将难以掌握和运用的下肢腿法练就的与上肢拳法一样灵活，极大地丰富了武术技法体系，巩固了北腿的地位。从这一点上来讲，戳脚是将武术推向新台阶的拳种。

戳脚以腿法见长，从下列腿法中可见一斑。

上盘腿法主要有高撞腿、腾空飞腿、连环飞腿、飞点腿、旋风脚、蝴蝶脚、飞云跺子脚、箭弹腿、风摆荷叶腿等。

中盘腿法主要有提皇腿、提皇点腿、提皇踹腿、侧撞腿、圈点腿、圈踹腿、圈跺腿、大缠腿、掀腿、穿抢腿、仄点腿、正托腿、侧托腿、趴点腿、插点腿、弹点腿、仰点腿、穿梭偷点、蹲身侧点、颠步侧趴点、摆点腿、连环点腿、翻环点腿、转环点腿、前后点腿、里插腿、外插腿、里插小缠丝、外插小缠丝、倒插腿、里合腿、外摆腿、拍扣腿、寸踢腿、颠踢腿、掏踢腿、前撩阴腿、后撩阴腿、鸳鸯腿、橛子腿、前后撩阴腿、前撞腿、侧踹腿、颠步侧踹腿、颠步趴踹腿、扁踹腿、跺脚、踩脚、勾腿、挂腿、引腿、正扫腿、倒扫腿、寸腿撞腿、寸腿侧踹、寸腿飞点、金鸡跳墙、金鸡落架、绕码腿、蹶腿飞点、蝎子势腿、连环倒翻腿、勾挂连环腿等。

下盘腿主要有金铰剪、钝镰割草、老虎大偎窝、仙人过桥、大蟒翻身、仙人睡床、蛤蟆式、猴弹腿、乌龙绞柱等。

从上述的腿法来看，上盘和下盘的腿法相对较少，多为中盘腿法。这种腿法的刻意分布不仅避免起高腿容易出现半边空的劣势，且充分发挥了中盘腿法力大、远攻的功效。上盘腿法主攻，力求一招制敌，下盘腿法主防兼攻，主要用于打乱对方阵脚和破防对方的起腿。

当然，即使拥有丰富的腿法，还需要采取独特的训练手段，使之能够发挥作用。戳脚的腿功训练大体上可分为柔韧性训练、劲力训练、速度训练、耐力训练等，比如，戳脚格外注重柔韧、劲力等方面训练，一般采取静态耗压与动态溜腿相结合、空踢与踢桩相结合的方式提高腿法的灵活和功力。就实战而言，纵有百种腿法，若功力不足，也难以发挥腿法的威力，处于花拳绣腿状态。因此，戳脚腿脚功力训练是其特色之一。

戳脚格外重视腿法、脚功的功法训练。尤其是为了充分发挥腿法的优势，各种提高腿法和脚力的功法被凝练出来。不仅有钻地、跺地等铁脚功，更有活桩、死桩等踢桩功。铁脚功主要解决腿法的打击效果，而脚力是掌握戳脚腿法的必修之功，习练者需要循序渐进地练习钻地、跺沙包、跺地、跺砖等功法，日积月累，脚的力点明晰起来，抗击能力和打击能力都得到提升。踢桩功通过单式的腿法，用脚的特定部位击打移动物体，以提高腿法的打击准确程度；通过击打固定物体，以便提高腿法的抗击打和击打能力。这种功法在过去都是男子的专利，如今肃宁的苗晓兰等女士也能做到脚击砖碎、腿踢树断，可以说，这种功法在戳脚习练中开始推广普及。

戳脚主要传承于河北衡水、保定、沧州境内，尤以衡水饶阳、保定蠡县、沧州肃宁为最，并以此为中心，逐渐向东北、西北、江浙等地域辐射。戳脚传承地域主要有：辽宁、吉林、山东、江苏、河南、北京、天津、陕西、山西、甘肃等地。戳脚“入乡随俗”，在地理、人文环境等影响下，戳脚体现了不同的风格特点。如京津戳脚技法细腻、舒展大方；辽宁戳脚刚猛爆烈、小巧紧凑；江苏戳脚灵活快变、结构精巧，西北戳脚开合有度、短促连环。

一、戳脚文、武趟子释义

戳脚全名为“九番御步鸳鸯钩挂连环悬空戳脚”，也称“九枝子”，分为文趟子和武趟子。戳脚拥有丰富的腿法，其典型腿法多达81种。“九番”是指文趟子和武趟子各有9路；“御步”是戳脚的一种特殊的步法；“钩挂连环”是每招每式在实践应用中环环相扣，式式相连。

武趟子是戳脚的本源，风格古朴，文趟子是在武趟子的基础之上发展演变而来的戳脚套路。

（一）戳脚武趟子

在河北地域流传的戳脚大多为武趟子。戳脚武趟子动作古朴，舒展大方，矫捷刚健，放长击远，刚柔兼施，以刚为主。戳脚武趟子架势较大，动作舒展，动作直接且刚硬，十分凌厉，猛打猛冲，攻防严谨，虚实结合，习练时注重手、眼、心、身法、步法的高度协调，重点强调腿法、脚功。戳脚武趟子基本腿法有挑腿、剪腿、丁腿、转腿、迎门插拦、左右八腿（指丁、踹、拐、点、蹶、错、蹬、踝8种踢法）。传统的武趟子套路也叫“九转连环鸳鸯脚”，简称“九枝子腿”，一共9路，环环相扣，各路均可互接互换习练，故称“九转”。

（二）戳脚文趟子

在东北地域流传的戳脚大多为文趟子。据相关资料显示，戳脚文趟子是由胡星五传授，胡星五的父亲是“奉天三老”之一的胡奉三，曾在河北衡水饶阳段老绪（又称段洛绪）处学戳脚。由于其带艺投师，加之功底深厚且勤学多思，在不断体悟中自创了九趟戳脚拳，即戳脚文趟子。后传其子胡星五，不断推广。戳脚文趟子分为三十二式、二十四式、十八拦拳、十二捋手拳、二八拳、二八腿、软四趟子、宏拳、燕行拳九个套路，共计二百余招势，并以“八根”“八母”“八法”“十六字诀”“三十二字根本”为核心。文趟子发力柔中寓刚、绵里藏针，架势短小紧凑、灵活善变、逼近靠影、柔里带刚。传统的文趟子套路叫“八根”（自转脚、玉环步、开石雷、似箭手、蹶子腿、走外、五花炮、十字捶）。文趟子动作明快，节奏鲜明，其练法是心到意到，手到脚到；其手法有推、提、绵、转、贴、穿、缠、展；其步法有进、退、闪、摆、抽、换、窜、旋；其战术讲究一步一脚，出人不意，诱敌深入，后发制人，下肢发脚，半步赢人，似踢非踢，声东击西。

二、戳脚技术风格特点举要

武术拳种的生成存在着浓郁的地域特征，即生活于某地域的习武人，一般而言是根据当地的风俗和习惯，依据自身的身体条件，从而创编出符合地理、人文环境的拳种。地域与人文环境是一种无形的力量，孕育着习武人的创作灵感，提供着武艺的应用场景。一旦拳种成型，拳种技法便拥有了相对的稳定性，其技法结构、劲力特征、内涵意识被固化于习武人脑海，构成习武人特有的身体行为。即使是拳种流传于异域，其基本结构也难以发生根本改变。

（一）饶阳戳脚的技术风格特点

饶阳戳脚属于戳脚中的武趟子，是戳脚的重要代表之一。饶阳戳脚动作舒展大方、矫捷刚健、放长击远、刚柔兼施，技术杜绝花招，简洁实用，具有很强的技击功效。饶阳戳脚传统套路也叫“九转连环鸳鸯脚”，简称“九枝子腿”，各路均可互接互换习练，故称“九转”。饶阳戳脚以腿法见长，并强调手脚并用，在套路中多为丁步、横裆步、戳脚步，每次发力冲拳后，均脚掌着地，脚跟抬起，以便随时起腿，利于发挥腿法放长击远的作用。现存脚法主要有明脚、暗脚、连环脚、出理双脚、阴阳脚、玉蟒翻身通天脚、横脚、壮脚、鸳鸯脚、飞脚、点脚、丁字脚、金钱落地虎尾脚等，所有腿法均要求将重心落在支撑腿上，击发腿以前脚掌向下反戳着地，脚后跟上翘，两腿形成虚实相兼，形成便于起腿的“丁”字形。因此，饶阳戳脚的定势也被称为“戳丁”。饶阳戳脚在身法上要求中正、灵活，主宰于腰，宾辅肩胯。在行拳走势中，强调甩发冲肩，拧腰切胯，要求手出力由脊发，脚发力从臀输，强调力度和硬功。饶阳戳脚在劲法上讲究“绵、软、硬、脆、滑”，每进必闪，要求拧腰、转胯、甩头、冲肩一系列动作一气呵成，被老拳师们形象地比喻为“拧麻花”。在技击上饶阳戳脚讲究“手是两扇门，全凭脚打人”“手打三分，脚踢七分”，战略上讲究“彼不动吾不动，彼微动吾先动”“候彼力量而击之”的技击方法。

饶阳戳脚现存有奇枪八卦刀、春秋大刀、十三脚、九枝子、金刚锤、十八拦腿、十三点打穴、十三绝技等套路，并有奇枪、二龙枪、五虎断门抢、点钢枪、六合枪、三才剑、单刀拐子、地躺刀、双头蛇、双手带等器械。现今饶阳地区习练传承的宋氏戳脚十三脚，被称为当今“戳脚之魂”。

（二）保定蠡县戳脚翻子拳的技术风格特点

戳脚翻子拳既有戳脚手脚并用、以腿法见长、放长击远的固有特点，又有翻子拳“两拳密如雨，脆快一挂鞭”的特色。据保定市武术协会和戳脚翻子拳研究会资料显示，保定蠡县戳脚翻子拳即为深州一脉。在技术风格特点上，攻防节奏紧凑，结构短小精悍，朴实无华。在技法上，讲究声东击西，拳脚并用，巧妙灵活，内容进一步丰富，并弥补了戳脚的“重腿轻拳”的不足。在劲法上，讲究“冷、弹、脆、快、硬、急、速、绵、软、巧”，给人以急攻如火，干脆利落，锐不可当之势。在行拳走势中，要求“明三前”“知六要”，强调“掩”字当头，扣足合膝，拧腰切胯，讲求“手出力由脊发，脚发力从臀输”。歌诀曰：“鸡行蛇掩，进退连环，上打星晨日月，下走起落钻翻，中走脱身换影，用急速不容缓。”[1]使用手法要领为“见手入手，出手拿手，转手合手，见招发招，见势发势，见机生情，随机而入”[2]。保定蠡县戳脚翻子拳常用招式有鬼探头、开弓式、闭枪式、白马分鬃、月牙式、单裹手等。

保定蠡县戳脚翻子拳以六趟翻子拳和绵掌、弹腿为主，招法脆快，多以近身短打见长。其基本步法有马步、弓步、狸猫步等，由此组成套路、单手（又称十八趟连环炮）；主要套路有寸八翻子、鸡爪翻子、鸡形翻子、遮天翻子、寸翻子、一寸翻子等；主要单手有金鸡食米、金鸡食豆、金鸡上架、雷闪炮、劈山炮、虎行拳、龙行拳、迎风拳、追风拳、魔云步、双群啄、腰闪炮、佛门炮、串手炮、粘连拳、招法拳、钩挂连环、接手莲花等。戳脚翻子套路编排短小精悍，结构严谨，动作连贯，一气呵成，突显了翻子拳脆、快的技法特点。整套招式处处体现“寸”的特点，其中，“寸”具有四重内涵：第一是劲力，可以理解为劲力的突然与爆发；第二是距离，击打的距离是毫厘之间；第三是击打部位的精准在细微之间；第四是交手中的打闪胜负立现。戳脚翻劲力以刚猛脆的整体性寸劲为主，别具一格。此外，

[1] 赵双印. 清代武术史 [M]. 石家庄：河北人民出版社，2005：107.

[2] 2021年3月保定蠡县诸传承人访谈记录整理.

还有坐功“十八式”、站功“十三太保”和硬气功“十三式”等。器械套路主要有断门刀、八方刀、连珠剑、批手杆、行者棒、五虎断门枪、西平枪、赵子龙三十六枪、张飞大枪、双手带、双刀、双钩、三节棍、大杆、春秋大刀、九节鞭、梢子棍等。

（三）沧州肃宁戳脚的技术风格特点

沧州肃宁戳脚动作迅猛，虽动作令人目不暇接，但招式清晰不紊乱。拳谱云：“有脚无手难取胜，有手无脚难占先。”沧州肃中戳脚在攻防技击时，多用双臂辅助于腿，故曰“三只手法”。讲求一步一腿，手脚并用，左右腿呼应，高低回环，前踢倒打，明圈暗点，勾挂连环，横斜反闯，上肢劈、打、挑、砸，下肢前踢、后打，为便于进退自如，故步法以虚步为主，整体上呈现拳打脚踢，攻守兼备。拳谚云：“肘护肋，手护心，抬腿进步护满门；手攻上，脚踢下，手脚并用难招架，胳膊拧不过大腿，顾上顾不了下；戳脚力大远击，使敌攻防无法。”肃宁戳脚拳术，取自龙、虎、猴、马、鸡、鹤、熊、燕、豹、驼、鹰、鹞、蛇13种动物之形态，融会贯通为39种劲力。

肃宁戳脚讲究腿有八法，提、圈、掀、点、插、摆、踢、蹬；手有八用，起、落、崩、翻、钻、转、横、摇；身有八变，扛、挤、撞、晃、抽、抖、伸、缩；步有八进，急、倒、颠、斜、进、退、中、定。从这些技法中可以清晰看出，肃宁戳脚强调技法易变。在这种易变理念作用下，肃宁戳脚率先走上了演武艺术化与习武实用化的并行之路。

肃宁戳脚拳法套路有金刚锤、玉环步、连环步、地功翻、三十六精门等，器械套路有大十枪、小十枪、燕翅、护手钩、大奇枪等。

肃宁戳脚阴手枪，也称阴把枪，绰号“铁扫帚”。据传由山东传入沧州，已有百余年历史。阴手枪，兼枪带棒，枪棒结合，左右把互换，阴阳手相交，忽左把变右把，阴手变阳手，时而枪扎，时而棒打，上下呼应，攻防有度，进退自如。阴手枪以其独特的握枪之法，助于枪法力贯“尖与把”，使得枪法变化异常丰富，成为枪术套路中的奇葩。

（四）其他主要地域戳脚的技术风格特点

东北戳脚是指主要传承于东北辽宁地区的戳脚，其中尤以沈阳地区为最。戳脚在辽宁地区一般惯称“戳脚翻子”，其实说的是两个拳种，一是翻子拳，二是戳脚。提及辽宁地区的戳脚，就不得不提“奉天三老”之一的胡奉三。据传，胡奉三自幼习武，兼修少林、武当拳种，精于形意拳，只身前往饶阳，拜段老绪为师，历经六载。胡奉三在习练其他拳种的基础之上，认为戳脚武趟子刚硬有余而柔韧不足，进而对其劲力、招法进行了改编。在发劲中借助形意拳及武当功夫，增加了绵柔之力，在架势上也减小了动作幅度，使招式更加灵活、紧凑，而易于反击。拳法突出了柔、韧的特点，所以被称为戳脚文趟子拳。东北戳脚文趟子拳的特点是拳架小、动作紧、手法细、腿法灵，手脚相合、虚实相随；在身型上，讲究缩身、屈膝、藏裆、掩肘，讲究进退、闪摆、抽换、起横落直；技法上，强调"促、巧、快"，要求腿法连环，多用低腿法，攻防方法比较含蓄；在劲法上，强调"蓄力如弓，发力如箭，先蓄而后发，巧用弹簧劲"[1]。

作为北方代表性拳种的戳脚，在北京地区同样盛行。北京地区戳脚亦称为"戳脚翻子拳"，且无文、武趟之分，与戳脚武趟子技法类似，体现了戳脚武趟子与翻子拳的结合，其主要代表性人物为河北蠡县吴斌楼。吴将戳脚的腿法和翻子拳的手法相融合，一方面体现戳脚的硬攻直进、烈打猛冲、攻防明显的特点，另一方面，又彰显出翻子拳"两手密如雨，脆快一挂鞭"的特色，上下翻飞，手脚配合紧密。戳脚翻子拳劲力上讲究爆发力，并将劲力发放于一点，且具有翻子拳冷、脆、快、弹的劲力，在技法上讲究硬、毒、狠、变、刁，腿法分为正、翻、左、右共一百零八腿；在行拳走势中，以"掩"当头，讲究扣足、扣膝、掩裆、掩肘、顺肩、合胯，强调出手先护己，力求"自保而后全胜"；起势和收势都有固定的动作，起势为斜身拗步，收势为"狸猫洗脸"[2]。

由于特定历史时期社会变迁导致人员的流动，加之时局动荡，一些习武之人游走他乡且带艺投师，以武会友，促进戳脚传至江苏地区，尤以扬州、镇江两地盛行。据传，戳脚由河北"铁腿"张恒庆所传。张恒庆原籍天津，擅长通臂拳，张恒庆艺成后只身前往关外，闯关东期间习得戳脚，因行走江湖以腿法见长，被誉为"铁腿张"。清末民初时期，张恒庆客居扬州，其间传拳于此地。扬州戳脚中常有挂掌和劈掌的通臂拳动作，且兼具戳脚拳下肢快速多变的腿法和通臂拳上肢放长击远、大开大合的手法，在技击上更凸显了"手是两扇门，全靠脚打人"的特点，其腿法起于腰，转于臀，贯于膝，形于足，上踢下踩，前踢后撩，斜弹横踹；强调拧旋劲，每进招必侧身闪进，拧腰切胯，先走肩，后走肘，通过绵、软、硬、脆、滑五劲发出。此外，扬州戳脚除了常见的弓、马、虚、仆、歇、叉、丁步型外，还有少见的横裆步、戳脚步、半跪拔跟桩步，独具特色。

[1] 胡星五. 沈阳戳脚概况 [J]. 武林，1982（10）：20.

[2] 仇志刚. 戳脚拳流派述评 [J]. 扬州师院学报：自然科学版，1987（1/2）：123-126.

由于习武人身体素质的差异，加之他们对技法的理解和应用场景的不同，同一技法被演绎成多元的表现形式。由此，拳种的风格、特点出现个体性、地域性差异，流派自然形成。除了上述论及的戳脚所表现出的著名传承人和典型地域性的拳种外，尚有很多地域将戳脚与当地的拳种进行融合后，形成了脱胎于戳脚，衍生、易变为其他拳种的情况。

第三章 戳脚歌诀

第一节 武术中的歌诀

武术歌诀是习武人经过长期习练，对拳种技术身体认知的表述形式。歌诀以朗朗上口的对偶、押韵的诗歌形式呈现，能有效地帮助习练者记忆套路。歌诀对技法内容生动、借喻的表述，能够充分地引发相关拳种习练者的遐想和感悟，激发习练者的内在潜能和身体创造[1]。歌诀深受地域文化影响，戳脚歌诀属于局限于戳脚习练者的“群落语言”或“行帮语言”，是戳脚拳师传授功法套路动作，以及进行武德教育的重要手段。自然，戳脚歌诀也是特有拳种的文化符号，是地域习武人对拳种认同的特定符码。

戳脚歌诀的基本内容主要包括架势描述、功法要领、名目解析、传习规则四部分，具有丰富深刻的民俗文化内容。歌诀是习武人将习武行为实践的身体认知，借诗歌体隐喻拳理的表达形式。其中，习武行为是“行”，身体认知是“知”。“知”与“行”不容易合一，往往呈现出两立、两分状态，要想将源自于“行”的“知”回到实践中，有效地指导“行”，就必须“知行合一”。其具体方式和方法有很多，如“知”的诱导、“知”的启迪、“知”的棒喝、“知”的感悟等方式，运用不同的“知”对习武者不同习练阶段进行针对性的指点，使之豁然开朗，明白“知”意，改进“行”为。前人总结和淬炼的武技之“知”是后人掌握武技之“行”的重要依据，恰如王阳明所说：前人在习武过程中历经“惟精惟一”，整个过程好似“‘精’字从米，姑以米为譬之；要得此米纯然洁白，便是惟一意；然非加舂簸筛拣惟精之功，则不能纯然洁白也”[2]。歌诀乃前人“舂簸筛拣惟精”之果，是后人习练的“知者行之始”。习武人欲达“行者知之成”，必须深刻领会和借鉴前人之“知”。

---

[1] 陈青. 习武人的身体创造 [J]. 成都体育学院学报，2018，44（6）：50-55.

[2] 王阳明. 王阳明集（上）[M]. 王晓欣，赵平略，点校. 北京：中华书局，2016：12-13.

由于歌诀存在着隐喻等特征，对于缺乏相应习武氛围的时代，或者是缺少语境提示的阶段，某些歌诀会令人费解。对此，需要习武人潜心感悟，也需要传承人给予相应的提示、注释。

第二节　戳脚歌诀

一、戳脚拳歌诀

死桩活桩规矩平，野马转趾是活桩。
死桩站了练脚先，四趾搬弓练捋按。
再踢桩板力撼山，开张紧凑不一般。
戳脚拳路分文武，文武套子各不同。
武趟枝子多奇变，九转鸳鸯巧连环。
文趟八根分八母，由此推求归本源。
段氏短踹称绝技，总式拳法胡氏纂。
进退闪摆是步法，还有抽撤与窜旋。
丁踹拐点为腿母，蹶错蹬踝才算全。

注：第五代戳脚传人尹炳武整理。

释义：“死桩”主要是提高下盘稳定性的方法。在练习中常常运用静力性练习，旨在提高下肢力量，增强步型、步法的稳定性。在传统武术训练中，静力性训练的方法很多，如站桩、卧虎桩、控腿、肩抬横杠等。这些方法是重点针对腰腹和腿部的局部静力训练，因为下肢的力量决定着躯干、上肢动作的灵活运用，所谓“步不稳拳乱”，故习武之人，必须时刻注重夯实下盘的稳定性。

传统武术格外讲究整体劲力，整体劲力是由各种单式劲力融合组成，在周身高度协调下才能发挥出“再踢桩板力撼山”的劲力。整体劲力与静力（站桩功等）训练有很大的关系，“死桩活桩规矩平，野马转趾是活桩”充分表达了通过不同桩功练就的劲力须进行有机转换。单纯的静力训练是不能造就整体劲力的，还需要通过张力、扭力等动态的劲力训练将全身劲力贯通。但是，静力训练是强化张力、扭力的训练基础，没有静力训练，张力、扭力的训练也将无从谈起。恰如运动训练理论所强调的当等长力量与等张力量训练相结合时，才能构成运动员所需的力量素质。

“活桩”主要以练习步法为主，旨在将腿脚练活。“活桩”多为带有“转”的步法，讲究“一步一腿”，“上下腿”“四面腿”就是典型的技法。在练习中多以动力性的协调训练方法来增强下肢的灵活性。如蹲起、仰卧起坐配合灵活的走转技术，借助力量的保障，提高步法灵活性，在一般身体素质练习过程中，必须适时地结合专项技术，进行专项身体素质练习，这样才能在套路演练和实战中达到“进退闪摆是步法，还有抽撤与窜旋”的效果。

戳脚的桩功有利于下盘稳固，使之成为“稳丁”，运动中动作才能灵活多变，只有步稳拳才能不乱。步法灵活，才能更好地运用拳法和腿法，达到拳脚并用。同时，戳脚桩功中，不仅要将腿部力量练得稳固，还要把腿练得像手臂一样灵活，成为“软腿”，以求运用自如。

二、演拳歌诀

先师留下戳脚拳，神奇奥妙法无边。
以脚为主称独步，脚打七分拳打三。
一步一脚无空走，变化无端脚法全。
练腿应当有软腿，运脚为臂任自然。
先练桩法为基础，死桩活桩规格严。
野马转枝活桩步，死桩站戳练脚尖。
四指搬弓练捋接，再踢木桩力撼山。
戳脚拳路分文武，弛张松紧不一般。
武趟技手多奇变，九支鸳鸯巧连环。
文趟八腿称八母，由此推求归根源。
三十二法含闪转，寓奇放松看截拦。
转环短踢称绝技，九久归一是真传。
简精取纯归总结，汇成拳法代代传。
手使推提并绵转，贴穿缠展八字连。
提踹踢点为母腿，蹶扁蹬踝进腿闪。
身似游龙入沧海，臂如飞凤落昆山。
拳似虎爪带捋接，掌似利箭挑劈穿。
粘衣发力稳准狠，展翅挑劈暗舒肩。
最忌怒气与拙力，精气凝神要自然。

注：任丘刘春莹整理。

释义：

该歌诀生动、全面地梳理了戳脚的特征，将戳脚的技法逐一剖析，是了解和掌握戳脚全貌的歌诀之一。“先师留下戳脚拳”首先点明了戳脚为冯克善集大成者的渊源，“变化无端脚法全”“运脚为臂任自然”生动地凸显了戳脚的技法特点。紧接着，“先练桩法为基础，死桩活桩规格严”告知习练者学习和提高的流程，并要求习练者只有循序渐进地练习“四指搬弓练捋接”，方可“再踢木桩力撼山”。对于初学者，歌诀告诉习练者“戳脚拳路分文武，弛张松紧不一般”，唯有充分掌握“转环短踢”，持之以恒才会悟到“九久归一是真传”。歌诀进一步提出了具体的习练原则和方法，揭示了戳脚“提踹踢点为母腿，蹶扁蹬踝进腿闪”“最忌怒气与拙力，精气凝神要自然”。

此歌诀主要是讲腿法，以腿为主，出腿不落空。演练和实战中腿法较多，注重腿的功效。练功以“桩法”为其基本，“踢桩”为其基本功力练习，发力时不能憋气、使用拙力，而是要自然平和、聚神聚气。提、踹、踢、点是主要腿法，为母腿，使用时配合蹶、扁、蹬、踝等腿法变换无穷，这是前辈在多年的实践中取其精华，总结创编成拳法而代代相传的。

练习腿法时，起初练习可以结合踢沙包，逐渐过渡为踢桩和踢砖块等，然后再结合一些腿部力量训练（杠铃负重深蹲、杠铃负重箭步蹲等）和柔韧性练习来提高腿部整体协调性。除此之外，戳脚要利用坚实的力量、柔韧的素质，不断提高整套技法演练的技巧，使技法演练达到“三十二法含闪转，寓奇放松看截拦。身似游龙入沧海，臂如飞凤落昆山”的境界。

三、连环鸳鸯腿歌诀

舞女抱瓶倒插花，背水莫忘使鸳鸯。
捋手托肘蹬点踹，灵活巧变有阴阳。
上步探手诱彼动，动静虚实暗查详。
旋身勾踢稳准狠，脚随手进招式强。
沉肩坠肘力劈山，大鹏展翅奔太阳。
回步反背伏身蹬，环环相套不寻常。
腰斩石人强中手，再使鸳鸯赶月亮。
遇敌最忌意外露，拳法无形是良方。

注：第五代戳脚传人尹炳武整理。

释义：

此歌诀充分解释了戳脚连环鸳鸯腿的运用方法，是戳脚前辈在长期实践中总结出来的经典技法，也是戳脚核心腿法之一。练习时既要掌握动作结构，又要领会技术要领。平时除练好腰部、腿部的功力外，还要以实战方式进行练习，提高掌握攻防的时机和间距，以及进攻的角度。如何做到进招稳准狠，歌诀告诉习练者，运用时要讲究巧、连、毒、飘、挑，而且要时刻保持"沉肩坠肘力劈山，大鹏展翅奔太阳"攻防兼备的身体状态。

戳脚的腿法与其他拳种的腿法差异较大，在练习时，需要格外注意身体素质的整体提高。比如，鸳鸯脚腿部和腰部的肌群力量和柔韧要求高，需要腿部和髋部肌肉的柔韧和各肌群力量相结合，而且还要熟练掌握规范技术，充分发挥动作的速度，以快取胜。

"回步反背伏身蹬"这种腿法的隐蔽性较强，对习练者的身体素质要求很高。回步迂回，反躬蓄力，伏身进攻，这类隐蔽性的技法，帮助习武人在实战中学会察破绽、寻自保、伺机攻，"环环相套"才能练就"不寻常"进攻能力。戳脚的典型连环技法，非常重视核心力量的作用，歌诀中强调"腰斩石人强中手"，唯有将腰腹力量、速度及协调素质整体运用于规范、合理的腿法之中，连环腿法才可发挥虚实相生、招招有效的作用。同时，技术动作的娴熟、精湛也十分关键，当技法能够游刃有余地被运用时，才能发挥连环腿法"鸳鸯赶月亮"的效应。

四、练演歌诀

惟母能生子，拳家妙理深。
箇中多变化，只待会心人。[1]

释义：

戳脚的母拳为武趟子，在其基础上发展演变出文趟子，使戳脚内容更加丰富，拳理更加深透，腿法、手法变化多端。此歌诀要求戳脚习练者要深刻理解戳脚拳理，刻苦钻研。学习动作举一反三，便能从中感受到戳脚技法的有容乃大，体悟"贵和尚中"的哲理意蕴，由此爱上戳脚，成为忠实的戳脚习练者和传承者，"知行合一"才能真正练好戳脚，使戳脚发扬光大。

[1] 刘景山. 戳脚 [M]. 石家庄：河北人民出版社，1983：529.

“箇”字的使用很有意思，因为“箇”强调的是个体，在习武群体的众多个体中，是否具备悟性是决定习武成功与否的关键。当个体学习拳种技法及理论时，如何理解深刻的“拳家妙理”须力求做到“会心人”，犹如“一母生九子，连母十个样”的道理，不同习武人的身体体验、感悟会出现较大差异，加之习武人的身体素质和技术能力各不相同，必然出现技法差异。但凡是“会心人”不断揣摩技法中的“妙理深”，方能演其术、悟其道，真正掌握戳脚的真谛。传统需要继承，不可盲目篡改，歌诀中强调“惟母能生子”便是告诫，即使习武人个体差异较大，对拳理理解大相径庭，也要遵循戳脚的基本技法和拳理，不可对戳脚的结构进行篡改是至关重要的原则。

不懂兵书莫交手，不识阴阳莫演拳。
从来拳势通兵法，莫只口舌占人先。[1]

释义：

此歌诀要求戳脚习练者不但要学习实战技能，还要学习理论知识，如：兵法、中医、阴阳学说等。只有懂得拳理和相关知识才能悟出其中道理，再加上勤奋苦练拳技，才能成为戳脚的传承人。当然，习武人也不可只做“嘴把式”，光说不练。实战表明，如果不懂得兵书、不知阴阳变化，不要与人交手，即使交手也会一败涂地。

战术是决定战争胜负的关键，脱胎于此的武术在搏斗中同样需要战术。中国的兵法非常丰富，“观诸兵书，无出孙武”，《孙子兵法》开篇为《始计篇》，“计”本义是计算、估计，在这里指战前的战略谋划。“始计”充分反映出孙子的军事思想，“始计”要求作战前必须从宏观上对决定战争胜负的政治、军事等各项基本条件进行比较、分析和研究，并对战争的发展进程和最终结局进行预测，尤其强调用兵前的周密谋划对战争胜负的决定作用，所谓“知己知彼”。通过权衡，以“慎战”为原则，周密地通过“五事七计”预测战争胜负，一旦出战，“兵者，诡道也”。习武人的对抗中，这些谋略必不可少。在学习和掌握《孙子兵法》时，应该从中悟出孙子所主张的智、信、仁、勇、严等“武德”的内涵，以此充实和完善习武人的“武德”，做到“百战不殆”，实现不战而屈人之兵。

“不识阴阳莫演拳”，在拳法演练中，阴阳以动静、起伏、快慢、疾徐、轻重等为表达形式。如果习练者对阴阳的理解不到位，便难以有效地处理套路中的阴阳

[1] 刘景山. 戳脚 [M]. 石家庄：河北人民出版社，1983：529.

关系，导致运动中气血不畅、技法不顺、劲力不达、节奏紊乱、神韵不在。在戳脚中，各种腿法十分讲究阴阳变化，起腿为阳，收腿为阴，阴阳的转化以腿部拧转，加之腰腹协同来完成，这样可以避免旧力殆尽、新力难生，使得腿法在攻转防、防转攻之间保持高度的“连环”。

阴阳理论是中国文化的重要思想之一，它明示事物一分为二的显性格局，也展示着隐形的阴阳彼此转换的过渡，以及阴阳互嵌等一分为三的客观存在。由于阴阳两极相互转换的动能，引发了涡旋运动，绘制出太极图式的涡旋运动轨迹，使事物变化更加多姿。涡旋运动延长了事项间的接触时间和范围，而且涡旋力将各种文化要素汇聚成强大的向心力，共同构成中华民族文化[1]。

站则不动泰山定，动则山裂把根崩。
半怯半刚半柔绵，半仄身形往里钻。
不接猛力力发勇，柔成劲者软弱还。[2]

释义：

此歌诀生动地阐述了练习戳脚的基本要求。练好戳脚的基本功，“动”时，快如猛虎，力大劲猛；“站”时，稳如泰山，犹如磐石，根基稳固。除此之外，切记“半怯半刚半柔绵”，刚中有柔，柔中有刚，身法变化无穷。身法的自如变化是戳脚技术运用的关键，不论是动还是站，都需要身法的协同与配合。在套路的演练中，身法有机串联动与静，使动静转化富有节律。在实战中，不直接与对方应对，巧妙地利用“半仄身形往里钻”，身法和技法避实就虚地打击对方，使对方无还手之力。

所谓“站则不动泰山定”，是要求练好下盘功夫，定时落地生根，像磐石一样，抵挡对方的进攻而不受伤害，这就要求习练者不断提高自身的下肢功力，特别是单腿支撑的功力。“动则山裂把根崩”，要求出手出腿稳准狠，要一招制胜，把对方打到无还手之力，因此平时练习要做到基本功到位，腿功扎实有力，只有功夫到位，才能做到“动则山裂把根崩”。

戳脚的套路演练是身体艺术表现形式之一，长期践行身体艺术，不仅可以很好地塑造习武人的艺术鉴赏力，还可以体悟蕴含其中的哲理，“拳术之道，体用莫分”。套路习练并非程式化的机械演练，而应该艺术化地追求招式中“不接猛力力发勇，柔成劲者软弱还”的相生相克之道。

[1] 张晶，周嵩山，陈青. 武术文化的榫卯连接与涡旋重构［J］. 成都体育学院学报，2022（2）：80-85.
[2] 刘景山. 戳脚［M］. 石家庄：河北人民出版社，1983：530.

五、文趟子歌诀

文趟师祖胡奉三，北腿短打立新篇。
饶阳得腿段兄弟，参悟内外真灼见。
修炼研磨数十年，文趟始能世上传。
拳法高超精腿脚，连环专打中下盘。
八法拳理明真谛，千溪万流归总源。
开张紧凑明气力，连随单靠谋略言。
展翅绵长重内劲，旋转拥抱巧周旋。
虎步功成初建树，八式桩法功夫拳。
内练真气周身走，外练筋骨神力显。
八母奇变生万法，以气使力上下连。
推手发出不见形，碰着跌丈功非浅。
提手巧托千斤力，腕肘应变里外掀。
绵转二法化强硬，引进落空是真传。
贴穿不肯从人意，越是刚冲越向前。
缠手发出蛇盘绕，柔中暗变逆人愿。
展翅大鹏凌空起，万丈山崖在脚边。
气沉丹田用仙力，拙力蛮力险结缘。
八根八变腿法全，丁踹拐点蹶子连。
错腿奇术人称绝，身形闪动燕钻天。
蹬腿名叫风火轮，能打能行不一般。
踝腿寻常莫轻看，山石滚动神色变。
八根八母阴阳转，手动足进两不偏。
合战秘诀三十二，谙熟巧用无阻拦。
起落旋转手变换，阴阳转环腿莫单。
顺逆扭还明时势，接挫倒卧眼要尖。
推挤排移身游动，虎行山林龙行天。
静柔摇晃心神定，真真假假虚实连。
寻手拧扭应突变，合开闪摆对如玩。
以静制动凝神看，以逸待劳莫等闲。
上身紧凑封门户，下身灵活腿连环。
蛇行移身功要练，燕起身轻明转旋。

功成五合紧相伴，神清气盛到百年。
练武习拳明大义，先师遗训记心间。
武功根本德行重，止乱济世奉为先。[1]

释义：

该歌诀讲述了文趟子的来龙去脉，“修炼研磨数十年，文趟始能世上传”。从歌诀中，可以清晰地看出，文趟子是注重内外兼修、上下相连、虚实结合、动静相间，柔中寓刚的拳法。与武趟子相比，文趟子更加强调虚实相兼、虚实相生，“推手发出不见形，碰着跌丈功非浅”；注重静柔畜力、引进落空，“绵转二法化强硬，引进落空是真传”；追求技法随敌、招式多变，“缠手发出蛇盘绕，柔中暗变逆人愿”；整个技术动作更为紧凑，拳架更小，柔中带刚，腿法以下盘腿为主，“连环专打中下盘”。文、武趟子技术结构相似，但文趟子八根腿法已与武趟子截然不同，究其原委，主要是文趟子的步法更倾向于融合山东“姜家枪”的步法。歌诀认为习练者在经历“虎步功成初建树”后，须“八式桩法功夫拳”，方能达到“功成五合紧相伴，神清气盛到百年”。从中可以看出，文趟子歌诀更似一首励志之歌。

第三节　阴手枪歌诀

阴手枪为戳脚门里的一种长器械，其特点主要是在两手的握法上，一般枪术握法为两手一阴一阳，即左手手心向上，右手手心向下。而阴手枪为两手同时手心向下，虎口相对，故阴手枪又称阴把枪。

阴手枪长度：因身高而异，一般七尺左右。枪的前端曰枪，后端曰棒，枪棒互用。枪中蕴棍，抡扫带风，弥补枪扎一线的不足，枪尖、棍把、枪身实施多点打击，击头（枪），侧尾（棒）应，击尾（棒），侧头（枪）应，击中间两头呼应的三盘齐动。多点打击犹如扫帚扫地，不留死角，故阴手枪俗称“铁扫帚”。

阴手枪套路：有单练亦有对练。单练套路有春秋枪三趟、五虎断门枪、金锁连环枪、八卦连环枪等。对练套路有捕子枪和挑子枪等。其枪有十八枪法，搬、摆、挡、挫、勾、挂、擢、挑、崩、扒、滑、拿、劈、打、砸、盖、乱、扎，互相变

[1] 胡星五. 戳脚——文趟子拳［M］. 沈阳：辽宁科学技术出版社，1986：1-2.

换。此外，阴手枪还有十七种看家枪法、十三种倒把、三十六路逃枪法、三支出手法等。

阴手枪特点：阴手枪疾如暴风骤雨。枪里加棒，枪棒相合，枪不离棒，棒不离枪；以枪引力，以力引枪；枪随力走，棒响枪去；力随枪转，灵活多变；忽阴忽阳，忽左忽右；忽使棒打，忽用枪扎；虚虚实实，迷人耳目。正所谓"人不知我，我独知人"。使对方顾前不能顾后，顾左不能顾右。此乃阴手枪指东打西，指上打下，招式无定，妙不可测之独特技法。

大杆子二十六点：崩、磅、砸、闯、转、环、折、扣、指、带、扯、方、拉、张忌闯帐、判官追魂、闭枪、枪挑洪门、倒插柳、猛虎翻身、实枪、缴枪、枪挑前把、顺身枪、人人难防、群阳枪当场对手、败步枪两不相伤。

器械是拳术技法的身体延伸，也就是说，在练好拳术的基础上，才能更好地练好器械，枪术也是如此。吴殳曾说："行枪不可有势，势乃死法，存于胸中，则心不灵。"[1]只有从心所欲才能趋"道"。然而，枪术中的"道"是蕴含于枪术技法中的运行机制、规律，这些规律的技术要求是掌握枪术的根本。在行枪时可以不求有势，但方法必须规范，这些存于胸的道，是帮助习练者自如地使用枪术的核心。如练习阴手枪时，除了要练好下盘稳定性和灵活性外，腰腹和手臂的力量协调尤为重要。因此，我们要辅以仰卧起坐、引体向上、卧推等腰腹和臂力的练习方法增强腰腹和臂力的协调性，再配合枪术练习，重点练好拦、拿、扎等基本枪法。

阴手枪歌诀

阴手枪法真玄妙，兼枪带棒奇怪招。
以退为进称技绝，神鬼不知必伤亡。
崩劈砸闯一声响，免死枪响怎敌防。
杀开通道一条路，无有遮拦随意闯。
败中取胜逃枪法，死中返活巧技诳。
内藏六路十八法，三支手法威名扬。
绰号人称铁扫帚，横扫匪人与强梁。
左右倒把迷糊阵，阴阳换把法无穷。
前后移靶巧变化，奇法怪招别理它。
枪帮棒器宇轩昂，棒助枪雄风威扬。
枪棒配伍不干扰，如同兄弟互帮忙。

[1] 吴殳. 手臂录［M］. 太原：山西科学技术出版社，2006：83.

击枪有棒来救护，击棒有枪快帮忙。
击中间枪棒呼应，击八方多点增援。
能长能短灵活现，伸缩自由不死板。
闪摆躲绕是步伐，还有进退与窜旋。
枪为先锋棒为帅，分工不同巧安排。
枪身合一力量强，无有空隙闭锋芒。
任他猛力来打我，伤其性命见阎王。
拳械运用在丹田，运用自如靠熟练。
丹田催着腰身走，腰身带着器械转。
阴手枪里来加棒，与其枪法不一样。
动静如同猴显像，枪棒一动穿梭忙。

注：第五代戳脚传人尹炳武整理。

释义：

此歌诀逐一剖析阴手枪基本技法，是了解和掌握阴手枪全貌的歌诀之一。阴手枪既有“枪”的特点，又有“棍棒”的招式，防中有攻，兼枪带棒，取长补短，灵活多变。持枪有左把招式，有右把招式，有阴把拿法，有阳把拿法，阴阳手交叉，以退为进，进中有防，棒响枪去，不拘一格。

歌诀中“阴手枪法真玄妙，兼枪带棒奇怪招”是指既有“枪”的特点，又有“棍棒”的招式。“以退为进称技绝，神鬼不知必伤亡”，是指防中有攻的招式。“崩劈砸闯一声响，兔死枪响怎敌防”，是指崩枪、砸枪、劈枪、扎枪等各种枪法。“内藏六路十八法，三支手法威名扬”，三支手法是六路十八法里的重要技击动作，出手必须三支手法环环相扣。三支手法即吊支、川支、立支，适用于技击的动作。击头尾应，击尾首应，击中间首尾相应。吊支相当于砸、劈、挑的技击动作，川支相当于刺的技击动作，立支相当于格挡的技击动作。“左右倒把迷糊阵，阴阳换把法无穷”，是指左把右把交替使用，灵活多变。“前后移靶巧变化，奇法怪招别理它”，是指手握枪的位置不固定，随招式的变化而变化，灵活使用。“闪摆躲绕是步伐，还有进退与窜旋”，是指戳脚的步法灵活多变。“枪为先锋棒为帅，分工不同巧安排”，是指阴手枪兼枪带棒的特色，枪棒结合变化无穷。欲求枪棍技法灵，“拳械运用在丹田，运用自如靠熟练”是关键。“阴手枪里来加棒，与其枪法不一样”，概括了阴手枪套路小巧灵活的技术风格。

一条大枪如果仅仅使用枪扎一线的作用，的确有些大材小用。阴手枪枪里加棒，将棍打一片的威力充分发挥出来，在运枪中，枪尖、棍把、枪身联动，长枪、短棍、械击、脚踢等技法相互弥补，相互借力，“枪棒配伍不干扰，如同兄弟互帮忙”，使得手中一种兵器变成无数兵器，尽显“枪帮棒器宇轩昂，棒助枪雄风威扬”的实用效果。

枪如春天把种下，棒似秋天收割忙。
若问春秋乃合意，圣人也难说端详。
如能得此真谛艺，不称雄来必成王。
若问此枪名和姓，阴手枪是它的名。

注：第五代戳脚传人尹炳武整理。

释义：

此歌诀主讲阴手枪的特色，生动形象的阐述了“枪”“棒”的用法。用枪时像春天播种一样，速度要快、击点要准。用棒时像秋天收割一样，横扫一片。枪棒互用，更是其突出特点，让对方摸不到自己使用的手法，变化莫测。但是若要将阴手枪练好，需钻研其中的奥妙，再加上刻苦的练习，才能达到要求。

武术追求实虚兼容，意境至上。“意”是情与理的统一，“境”是形与神的统一，情理、形神相互渗透，相互制约，形成了意境。武术在中国传统文化的滋养下，同样表现出对意境的无限追求，通过意蕴连接实与虚，感悟意境。形象比喻有助于激发习练者的想象力，以便实现在演练中表现阴手枪独特意境的目的。与其他枪术不同，阴手枪已然超越枪扎一条线，兼有棍打一大片的意境，该意境表现着由春至秋的跨越，直取与横扫的嵌合，耕耘与收获的辩证。

一杆神枪晃太阳，斜丁步贴身枪；
蹦功进，巧技框；
单掖肘，磨盘枪；
猴停抱柱，哪吒上苍；
双背锏，滚身枪；
上步先打斑斓虎，抽身青龙出了江；
大佛担担，右手提梁，拨草寻蛇，棍戳当阳。

注：第五代戳脚传人尹炳武整理。

释义：

此歌诀主要介绍了套路动作名称，并用生动形象的语言文字体现出阴手枪的奥妙，激发习练者的想象力，以此赞誉阴手枪的威力。

“一杆神枪晃太阳”，是指枪术里的“哪吒上苍”“左逢右避摘日月”等上下翻转枪法的写照。“斜丁步贴身枪”，是指撤步搅枪，回身歇步抱枪，枪不离身，身械协调的总体规范。“蹦功进”，指搓踢斜拖枪，枪尖指向斜下方。“磨盘枪”，是指弓步刺枪，回撤枪，平扫枪把，两手握住枪尖底部向前平扫一圈。“哪吒上苍”，是指左把枪左手握把跳步拦、拿、扎。“猴停抱柱”，是指提膝抱枪，枪尖向斜下方。

令人浮想联翩的歌诀，充分结合实战运用，可有效地提高对阴手枪的技法掌握。借鉴何良臣训练实用枪法所用的“以二十步内立木靶一面高五尺，上分目、喉、心、腰、足五孔，各安一寸木球在内。每人执枪二十步外，声擂鼓擎枪作势，飞身向前，戳去孔内圆木，悬于枪尖上。如此遍五孔内，乃止。”[1]之法，阴手枪以“哪吒上苍”攻目，以“上步枪”攻喉，以“弓步扎枪”攻心，以“抽身青龙出了江”攻腰，以“上步先打斑斓虎”攻足，有目标地单式、组合练习，可提高枪法的准确性。

[1] 齐豫生，夏于全. 草庐经略 [M]. 长春：北方妇女儿童出版社，2006：4.

第四章　戳脚功法

曾于久在《武术本质论》中认为：“武术在发生、繁衍、发展的历史过程中，中国社会的生产斗争、军事斗争构建了武术的骨架，传统文化发达了武术的肌肉，社会需要充实了武术的血脉。”[1]

“有血有肉”的武术在漫长的衍生过程中，演化出各种武术套路、格斗、功法等多种表现形态。

康戈武在《中国武术实用大全》中将武术功法定义为：“为掌握和提高武术套路和格斗技术，诱发武技所需的人体潜能，围绕提高身体某一运动素质或锻炼某一特殊技能而编组的专门练习。”[2]这一定义充分肯定了功法与套路、技击、潜能的密切关联，通过提高运动素质、技能等指标，较清晰地显现了功法的特殊性。然而，将功法归结为练习类属，难以准确地给予功法一个恰当的地位。

蔡仲林、周之华在《武术》中将武术功法定义为：“以单个动作为主进行练习，以达到健体或增强某方面体能的运动”[3]。这一定义将功法归为一种运动，恰当地将功法归类为人体运动的类属，符合功法自身所具备的系统性。另外，从单个动作为主进行练习以达健体、强身等特征的分析，能够明显地区分该运动与其他运动间的差异。

由此看来，武术功法是习武人为了提升体能、格斗、竞技能力，对具备强体、技击、挖潜等作用的动作所进行的反复习练，形成娴熟、精湛的身体技能，表现出特定功效的运动。这种运动以单个或组合动作为主体，其目的指向就是有效完成强身、技击或竞技。从这个角度来看，功法是格斗的核心，是武术套路的基础。

换个角度，功法是武术套路和格斗运动的派生技法运动。习武人反复地习练整套技术，使身体素质得到全面提高，所有动作变得得心应手，逐步成为精湛技术，显现出应有的强体、技击或竞技功效，使功法水平不断提升。比如，传统武术经过

[1] 曾于久. 武术本质论 [J]. 武汉体育学院学报，2009，43（11）：5-12.

[2] 康戈武. 中国武术实用大全 [M]. 北京：今日中国出版社，1990：22.

[3] 蔡仲林，周之华. 武术 [M]. 北京：高等教育出版社，2015：16.

内外兼修的训练，练就“无一处惧打，亦无一处不打人”的“金刚之体”，从套路中抽取任何一个动作都有相应的功力。戚继光认为：“枪法之传，始于杨氏，谓之曰‘梨花’，天下成尚之。妙在乎熟，熟则心能忘手，手能忘枪，圆神而不滞。”[1]心忘手、手忘枪，方能达到二十年梨花枪，天下无敌手那种“圆神而不滞”的精神状态，这充分说明反复习练是练就功法的根本途径，功法必须依托必要的套路训练。套路训练可以促进身械协调、内外合一，帮助技能形成，恰如吴殳所言：“持龙之道，身心为本。身法不正，则心无主而手足失措。持龙不固，进退无节，机局荒唐矣！故曰：‘心动神离壳，神疲气必虚。’”[2]然而，功法绝不是套路“花法”直接挪用，须将“圆神而不滞”的枪法结合俞大猷推崇的“刚在他力前，柔乘他力后”“彼忙我静待，知拍任君斗”[3]等战术与单式、组合和套路中练就的技法结合使用进行实战。

武术的基本动作都遵循从粗略掌握、精细把控到运用自如的技能形成历程。这个历程使得基本动作逐步娴熟、精巧、富有功力，成为建筑“有血有肉”的武术基本动作单元。这些动作单元被运用于不同的场景，以不同的方法，充当不同的工具，或是技击工具，或是健身工具，亦或是竞技工具。当这些工具能够较好地发挥相应作用，表现出特定效用之际，动作单元便达到了“基本功”状态。基本功是武术功法的重要构成要素，如戳脚中的踢桩断木，就是在熟练掌握寸腿腿法基础上，长期循序渐进地训练击打能力后，才能轻易完成断木、碎砖。科学合理地习练，不会造成运动损伤，反而可以有效地提高习练者的腰腿力量，防止和治疗腰腿疾患。年逾花甲的苗晓兰深有感触地说：“我长期坚持训练，现在的腰腿没有毛病，行动自如，手脚灵便。”[4]习武人时常被告诫不可“练拳不练功”，以免“到老一场空”。因此，在武术习练中，师父或教练都非常重视徒弟和学生的基本功训练。经过系统训练后，基本功扎实的习武人“武术寿命”更长久。

武术技术由型、法、功三种动作形态交织而成，并加以节奏使其融为一体。

型得法，方有用。武术技术动作都有一定的型，无论是静态的，还是行进间的，动作都需要符合武术技术规范的型，比如静态的马步、四六步，步型为习武人奠定了稳定的下盘支撑。此外，戳脚中虚实得法的戳步便于灵活起腿，实现一步一腿的技法。

[1] 戚继光. 纪效新书［M］. 盛冬铃，点校. 北京：中华书局，1996：112.

[2] 任鸿. 手臂录·无隐录释义［M］. 太原：山西科学技术出版社，2016：156.

[3] 陈继川，俞建辉. 俞大猷研究论文集［M］. 厦门：厦门大学出版社，2016：153-166.

[4] 2022年1月，在河北省沧州市肃宁县采访苗晓兰时的实录.

法是动作运行必须遵循的根本规律，是本能肢体动作提升为专业技术的关键。如玉环步，以前脚为轴，后脚擦地扫转一周，必须以身带腿，扫转时脚内扣轻触地面。遵循这样的方法，整个动作就协调、敏捷，能发挥玉环步攻防兼备的作用。

法得窍，功自显。如戳脚的飘、踧、蹶、撩、圈、抹、跺、戳、提、点、抖、踹等，每种腿法都有自己独特的要求和作用，只有使用适当的方法训练，才能使不同腿法力点准确、劲力顺达，体现出硬攻直进、不招不架、指上打下、一步一腿、拳脚并用、突出腿法的拳种特征，自如地表现出绵、软、硬、脆、滑等技术功力。动作的合理运行、技术的规范运用，可以有效地释放技术的功效。

型是基础，法是中介，功是目的。习武人的身体素质、体悟水平各异，但渴望功力水平的不断提高是共同追求。戳脚格外重视动作的一招一式，只有训练得法，才能做到“演练时的手法、腿法、身法和气法有机配合，内外如一”[1]，表现出相应的功力。除了武术技术的型、法、功，另一个不可忽视且贯穿始终的要点是“知拍”。在俞大猷看来，“千千万万步，具有拍位”[2]。习得“拍位”，才能“彼忙我静待，知拍任君斗”。“拍位”是武术技术，以及演练和运用中的节奏。技术本身有上与下、左与右、开与收、内与外；演练动作之间有快与慢、轻与重、急与缓；技击中更需把握机与距、力与巧、攻与防。习武人实战中更须主动运用这种节奏，恰如俞大猷所言：“人之善斗者，一身四肢屈伸变化有无穷尽之形，故前正而后奇，忽焉正后而奇前；正聚而奇散，忽焉正散而奇聚。”[3]“知拍”是在技法熟练过程中生成和定型的，掌握“拍位”者，方显武术神韵，展示武术功力。武术的技术体系是衍生武术文化的基础，特别是武术技术体系中具体、特殊的型、法、功，在经历“十年不出门”的拍位磨砺后实现了有机融合，表现出独有的技精、功纯的功法价值，塑造了以技击为本的武术文化。坚持习武可使“手、眼、身、法、步”与“精神、气力”“知拍”相合，表现出特有的“功”，这使武术被世人形象地称以“功夫”。功夫，不仅说明武术技术的掌握费时耗力，更强调武术技法的实用价值。由此，以功夫见长的武术成为世间所有格斗运动中最为独特的一种人体文化。

随着富含各类基本功的技术不断成熟和完善，部分基本功独立出来，形成了与武术套路、格斗齐头并进的技术体系，旨在完成特定的任务，实现特殊的目标，成为功法运动。武术功法在自成体系后，逐步分化为硬功、柔功、轻功、内功、感知

[1] 邱志刚. 戳脚拳流派述评 [J]. 扬州师院学报：自然科学版，1987（21）：123-126.

[2] 俞大猷. 剑经注解 [M]. 李良根，李琳，注释. 南昌：江西科学技术出版社，2002.

[3] 陈继川，俞建辉. 俞大猷研究论文集 [M]. 厦门：厦门大学出版社，2016：153-199.

功等，以及各拳种自身特有的功法，如戳脚中的桩功、柔功等。

总之，不能机械地割裂武术功法与武术套路、格斗的内在技术联系。连接三者的重要环节是构成武术技术体系中的踢、打、摔、拿、击、刺、劈、撩、扫、抡等核心技术动作。具备技击属性的动作对功法特征存在着特殊的规定性，限定着功法在套路中升华、在格斗中重生、在实用中再造。换言之，武术功法与武术套路、格斗共同构成了武术技术体系，功法、套路和格斗是武术核心动作的不同表现形态。

第一节　戳脚功法概述

武趟子舒展大方、矫捷刚健、放长击远、刚柔兼施、以刚为主等技术特征决定了重腿法、尚脚功的技法特点。挑、剪、转、迎门插拦、左右八腿（指丁、踹、拐、点、蹶、错、蹬、踝等踢法）等很多基本腿法有别于其他拳种，彰显着戳脚以“拳为两扇门，全凭脚打人”的拳种风格。传统武趟子套路也叫“九转连环鸳鸯脚”，简称“九枝子腿”，一共九路，各路可互接互换，也就是坊间所说的“九转”。每路腿法多为一步一脚，招招连出，环环相套，连环接续，生生不息。戳脚武趟子中各种腿、脚连环出击，且左右互换，成双配对，以“玉环步”“鸳鸯脚”著称于世。

戳脚讲究“出手就打”，这种打并非是主动攻击他人，而是对手先出手攻击时，我才去打。这是文趟子拳“以静制动”“以逸待劳”“后发先至”的体现。当然，文趟子拳亦有主动出击法，动则手脚齐动，上下齐攻，令人猝不及防。严格来说，在文趟子拳中，许多腿法都不能称为腿法，只能称为脚法或步法。如果说“出手就打”是以击伤拦截敌方之手为目的的话，那么文趟子“动即有腿”之腿法就是以拦截击伤敌方之腿脚为主要目标，这正是文趟子拳的与众不同之处[1]。

灵活地运用腿法，凸显腿法和手法的优势，离不开步法训练。“步不快拳慢”“手到步到，发人巧妙”是古训，俞大猷在《剑经》中强调：“中直八刚十二柔，上剃下滚分左右，打杀高低左右接，手动足进参互就。”[2]注重“手动足进”凸显了武术拳种步法的重要性。在运动训练学理论中，更是强调建立在核心力量基础上的步法训练，格外关注在腰髋带动下，下肢移动的速度和灵敏。在戳脚功法中，多以行进间手法、腿法进行练习，“玉环步”“偷步”等隐蔽、巧妙的步法可以有

[1] 张建华. 戳脚翻子拳研究[J]. 体育文化导刊，2011（7）：119-120，124.

[2] 俞大猷. 剑经注解[M]. 李良根，李琳，注释. 南昌：江西科学技术出版社，2002.

效地接近对手并实施进攻。

讲究腿法和脚功的戳脚，对每种腿法和脚功的要求都比较特殊，训练方法也就不同。九趟腿要求，后腿撩至肩平，用脚跟外侧打人。使用后蹶腿时，起腿要大腿带小腿挑，疾起疾落，短促有力。丁腿用于踹击对方胫骨，因而丁法是抬腿就踹，隐蔽力脆。武趟子的点脚根据打击点可高可低，文趟子则不发高腿，但善用蹶腿高挑。

以技击为本的戳脚，功法主要包括八靠、踢桩、柔功、药功、桩功等内容。

八靠：双人徒手以身体八个部位相互靠击，以此增强身体击打和抗击打能力。戳脚的八靠分别为臂靠、腿靠、肩靠、胸靠、背靠、肋部靠、臀部靠、脚背靠。

踢桩：使用踢、蹬、铲、挑等多种腿法击打固定的木桩、活动的木靶，以增强腿部力量和打击准确性。

柔功：使用各种肌肉拉伸的方法提高身体各关节活动幅度，从而使腿法运用更加自如。

药功：在练习拍打功前，进行药物的熏洗，再进行相关手法、腿法击打沙袋、木桩的练习，防止运动损伤。练习后，也需要进行药洗或药熏，以治疗损伤利于恢复。

桩功：主要有弓步前腿单脚、马步双脚提踵等，用前脚掌着地，保持静止，以求增加下肢、踝关节力量，提高前脚掌支撑、击打能力。

通过各种功法的习练，方能逐步理解和掌握戳脚“绵、软、硬、脆、滑”五劲。戳脚的劲法论认为：“绵劲者，彼进我退，彼退我进，顺人之力，专用伸缩，不事遮拦，巧如无此心。软劲者，练拳之时，不逞强，不架硬，两膀软如绵，不着人则舒散自由，着人时，力从内发，有推墙倒壁之势。硬劲者，硬攻直进也，硬磕、硬撞、硬托、硬架，硬回等法。脆劲者，聚也，将劲贯于手腕，而膀与身毫不带力，灵活快便，故着人最捷。滑劲者，溜滑也，随机应变妙如转环，能使人望空扑影，无以摸索，手至则神而神矣。”[1]功法建立在拳种基本动作基础上，须经过系统的专门习练，达到身体内外协调、动作和顺、劲力贯通的状态。由于戳脚五劲的劲力有别于其他拳种，需通过戳脚特有的功法练习手段进行专门训练。

比如，戳脚中有一套循序渐进、专门训练脚掌攻击能力的“钻地穴”，第一步，练习运气，将丹田之气行至涌泉。第二步，踩沙包，配合呼气，脚掌用力踩沙包。第三步，踩土块，运气至脚，用力踩碎土块。第四步，踩砖块，方法同踩土块。第五步，踩地面，这种方法随时随地都可以练习脚功。在经历了长期、有序的

[1] 刘景山. 戳脚 [M]. 石家庄：河北人民出版社，1983：535.

脚功练习后，便能够使用相应的腿法破桩、碎砖等。

练脚功的同时，要不失时机地进行踢法训练，以求提高踢法的基本功水平。如转趾，其练法是两脚与肩同宽，提踵，脚尖着地，一侧脚跟外展，身体向对侧拧转，随时准备起蹶，反复练习左右转体；抑或手扶把杆或徒手练习深蹲起，这种难度较高的力量练习可有效地提高脚尖的力量。在不断提高腿法力量的同时，更需注重腿法的周身协调训练，配合多出现在九路鸳鸯脚中的砸丁、点脚、后踹、撩蹶练习，可以将具备功力的踢法与实战意识相结合。

戳脚的腿法使用必须与上肢配合，与躯干协调，比如在“卸手点腿”中身体适时转体，含胸收腹，配合右拳卸砸对方的腿法，与此同时用脚弹点，力达脚趾，整个动作一气呵成，上下相随。“凤凰双展翅”使用偷步、磕绊、外挂、双臂外展，成为戳脚倒疾步运用的典型招式。整个动作快速连贯，充分发挥腰部拧转的力量，以及肩背的晃动发力。强调腿法，不等于忽视手法，只有手法与腿法的密切配合，才能发挥腿法的效能。前臂以肘部为轴，抖腕发力，掌心向左，力达虎口及食指侧完成的“转化手”可破坏对方的攻势，为腿法的进攻做好铺垫，这便是戳脚手法的妙用。这时会发现类似“寸腿挑打—寸腿迎面拳—掏踢外磕手”等组合较单个技法的效能更为突出。一般而言，戳脚在运用低腿进行下盘进攻时，常以手法攻击对方上盘，虚实相生，惊上为虚晃、掩护，打下为重点。正所谓“手为先锋，脚为主帅”[1]。

以腿法为主帅，还需要以手法做先锋。戳脚技法是全面的，其中“拳打八字说”重点强调了手法的重要性，“拳肘者，人之羽翼也”。但交手之道全恃迟速。迟者负，速者胜。通过“起、落、钻、翻、崩、转、横、竖”等较腿法更为灵活有效的手法，可以充分发挥戳脚的技击能力。毕竟起腿半边空，身体的稳定性会受到影响，手法在稳固的下肢支撑下能够更加有效地完成攻防任务。戳脚的手法非常丰富，作为先锋的手法不仅用来防守，也可用来攻击。戳脚翻子中，手法的功用将被淋漓尽致地表现出来。

第二节　戳脚功法练习

功法外显形态之一是“劲”，练习目的就是使技术动作富含劲力。张震认为：“作为武术技击之体的‘劲’指的是周身一体之力，实质上是由内而外整体化的

[1] 张洪国，张财林.“手为先锋，脚为主帅”——戳脚技击思想浅析[J].武当，2003（05）：37-39.

运动。劲是不可外观的，即便仔细观察武术家的发劲，其内动和周身细节也是难以被视觉捕捉和描述性语言所记录的。”[1]武术技法中常见“寸劲”“脆劲”“弹劲”“硬劲”“冷劲”“柔劲”等，虽然这些劲难以被详细地表述或被量化，但是，习练者在实际演练中能够切身地体验和感知各种劲的存在，在实际运用中，必要的劲力保障动作流畅完成，促使技术呈现特定的技能，造就各异的技术风格。劲不仅表现为刚、快、猛，对应的还有柔、慢、缓，如以柔和、圆润、连绵为特点的太极拳就拥有特有的劲。当然，劲通常表现为刚柔相济、快慢有度、急缓有序，是维持身体姿态、动作技术运行的综合身体素质集成。也就是说，劲包含着柔韧、协调、速度、力量各种身体素质。在气血与心肺、神经、内分泌协同配合下，共同完成技术动作，使动作表现出技术规范所需的相应劲道。

“足踢敌人莫容情，全凭手领门路清；手不虚发不空回，飞脚点于肋，百发百胜。”[2]戳脚格外追求练就“弹劲”“寸劲”，这种劲力与其他劲力之间存在着千丝万缕的联系，但又彼此相异，需要运用特有的练习方法加以练习。比如：戳脚运用丁腿踢击木桩，触桩即止；蹶腿后撩沙袋，击袋即落。这种辅之发声的短促发力，切身体验到劲力之壮源自骨之壮，骨之壮则源自气之充盈，逐渐使习练者掌握击打动作的瞬间周身一气的爆发用力。

一、戳脚腿法举要

戳脚腿法练习至关重要。将各种腿法进行有针对性的练习，以便提高周身协调性，快速、准确、有力地使用腿法。构成戳脚的腿法主要有“戳脚八根”。

1. 丁腿

丁腿用前脚掌踢对方的胫骨，或者踝关节，起腿离地七寸，短促发力，使用寸劲，也称“寸腿”或“寸踢”。丁腿在戳脚套路里使用频率很高，其用法简单，抬脚即踢。实战中，丁腿隐蔽性高，实效显著。

2. 踹腿

踹腿是屈伸腿法，多以侧踹和后踹为主，力点为脚跟或脚底，一般打击对方的胸腹，甚至头部。踹腿可分为前腿踹、转体后腿踹等。踹腿时加上腰腹力量使腿法的力量增加，打击效果明显。但起腿半边空，也容易出现破绽。

[1] 张震. 记忆·想象·认同——中国武术本质的身体史谱系［M］. 北京：人民体育出版社，2019：128.
[2] 刘景山. 戳脚［M］. 石家庄：河北人民出版社，1983：520.

3. 拐腿

拐腿是用脚外侧横搓对方下盘。扣脚以脚外沿为力点，类似铁铲一般，增强了打击力度。因动作一瘸一拐而被形象地称为拐腿。

4. 点腿

点腿是用脚尖踢击对方的腿法，类似于弹腿。可左右侧身点、正点，攻击目标可高可低，以弹击发力为主，要求力点准确，发挥伏身偷点之巧。

5. 蹶腿

蹶腿是一种模仿马蹶蹄的象形腿法，文趟子戳脚用脚后跟由下往上蹶，武趟子戳脚起腿先撩后挑。如“白马献蹄”以攻击对方裆部、咽喉为主。

6. 错腿

在主动倒地后，用一脚勾住对方脚踝，另一脚顺着对方的腿，由下往上发力，用剪刀力错倒对方。

7. 蹬腿

蹬腿是由屈至伸快速地将腿蹬出，力达脚跟、脚底的腿法。有前蹬、侧蹬、后蹬等多种蹬腿腿法。

8. 踬腿

踬腿为近身使用的腿法。当踩住对方脚面后，猛然转身发力，以拧劲增加打击力度，使腿法精巧快捷。

二、戳脚手法举要

戳脚虽然以腿见长，但必须在“开石雷”“似箭手”“云摩手”等手法配合下才能充分发挥腿法的功力。戳脚的手法可以归纳为起、落、钻、翻、拥、转、横、竖八法。

具体而言，各种手法有不同的运动路线和技术要求，而这些手法在实际运用中是相互融合为一体的，一个技法中可包含不同的手法技术。

起：依赖托、挑、撩诸法来完成，是自下而上的击打方法。

落：需要压、砸、按等方法实施，从上而下发力，力达拳掌。

钻：在前手掩护下，后手从前臂上或下击出，是以巧劲旋钻破敌之法。

翻：前臂向内、外旋转，化解对方攻击力量，同时发力翻打。

拥：手臂的抖弹发力，以寸劲击打。手臂整体抖弹发力为“大湖”，前臂及腕部发力为“小湖”。

转：手腕扭扣，以化解或扣拿的方法，主要用于在贴身近战中擒拿对手。

横：手臂向侧发力摆靠，借助步伐、身体协调配合，手臂横向发力。

竖：手前击或后拽，前击为攻，后拽为防，同时也具有顺手牵羊之势。

三、戳脚功法练习方法

俞大猷非常注重对抗练习。通过对抗可以将平日习得技法运用于实战，从中体验“刚在他力前，柔乘他力后”“顺人之力，借人之力”。比如，“喜鹊过枝有四：他高打来，我将棍抽过大门，让他下随用大翦一也；他直高打来，我将棍抽过小门让他下，对胸杀去二也；他直平打来、我坐脚过枝进步小门杀他三也；他平直杀或打来，我折后脚即顺势大翦杀四也。”[1]此类技能的形成需要千锤百炼，细心体悟。

戚继光讲求“习法”。唯有合理的训练方法，才能将具备功法的技术得心应手地运用于实践。比如在《纪效新书》中，盾牌与短兵的“习法”至少有两种，其一是“大七星牌歌：覽牌砍刀，上步，再覽牌砍刀，背牌擎刀，绞丝步回，撒花盖顶收了。出牌见刀，翻身上，小跳翻身下；出牌戴（收）刀，翻身上，小跳翻身下”[2]，其二为“闪马牌歌曰：戴牌再戴牌，砍一刀，复一刀，翻身上，小跳翻身下。又砍一刀，又复一刀；又砍一刀，又复一刀，翻身上，小跳翻身下”[3]。两种“习法”各有侧重，“大七星牌”习盾牌护法与绞丝步法的配合，“闪马牌”练身法与刀法的协调。习练方法的侧重点直接影响着技法的功力状态，以及实战应用效果。

程宗猷认为：“以前刀法，着着皆是临敌实用，苟不以成路刀势”。如“入洞刀势”“单撩刀势”“腰砍刀势”等招招富含技击。欲发挥各刀势技击作用，需要有具体的训练方法。对此，程宗猷认为：“习演精熟，则持刀运用，进退跳跃，环转之法不尽。虽云，着着实用，犹恐临敌掣肘。故总列成路刀法一图”。通过必要

[1] 陈继川，俞建辉. 俞大猷研究论文集［M］. 厦门：厦门大学出版社，2016：162.

[2] 戚继光. 纪效新书［M］. 盛冬铃，点校. 北京：中华书局，1991：127.

[3] 戚继光. 纪效新书［M］. 葛业文，译注. 北京：中华书局，2017：87-88.

的套路、组合或分段训练，可以有效地提高习练者对刀法的掌握。即使如此，习练可能“第习演之刀，当用重长者，使临敌用带彎之刀。则骁快锋利矣，然全路势多，倘力微者，持重刀难，以跳舞终局，当听用者力之长短，分为两节三节习演，毋拘定格可也”[1]，其中“当听用者力之长短，分为两节三节习演”尤为重要，这样可以避免因体力不支而“以跳舞终局”，失去提升功力的初衷。由此看来，不论是单式、组合，还是分段训练的作用都非常重要。

深受枪术基本功熏陶的吴殳提出“脱化说”，“脱化实有门焉！初时锋影圆者，其阔大重实，可以渐收为轻虚紧小。锋影若作人字形，则愈精熟，愈阔大、愈重实，虽欲脱化，不可得也！敬岩贵轻虚，真如贵紧小，皆以圈为脱化之门。冲斗不圆，是以老死于重实阔大，虽于秣陵见敬岩而怃然自失，亦终无以改其故辙也”[2]。“脱化”很好地说明了合理基本技术训练的重要性。合理、规范的基本技术训练能够使习武者巧妙地运用技术，充分发挥周身的整体能量，克服盲目使用局部蛮力。

欲发挥腿法之功效，必须进行功力训练，以提高速度、力量、柔韧、协调素质，特别是躯干部位的速度力量，也就是核心力量，这样才可使腿法发挥应有的效能。

戳脚的传统训练方法格外注重实战技击，两两相对的练习可以模拟实战，习得实战技能。

1. 架梁寸腿

上肢防守，下盘进攻。

练习方法：两脚前后开立，搭十字手防守，原地踢左或右寸腿，进而一步一架踢。

2. 叶里藏花鸳鸯腿

上肢破攻，下盘连击。

练习方法：上肢的手法以缠丝云拨，分化对方的攻势，左腿随手法向前上方横脚掀起。左脚向下落戳丁步，两臂前后振摆，向后撩踢。

3. 砸钉

手劈寸钉，拳打脚踢。

[1] 程宗猷. 耕余剩技 [M]. 北京：中华书局，2021：325.

[2] 任鸿. 手臂录・无隐录释义 [M]. 太原：山西科学技术出版社，2016：44.

练习方法： 身体重心前移，随之手法的劈砸，腿法的寸钉一气呵成，上虚下实或下虚上实，上下合力，动作连贯。

4. 玉环步鸳鸯脚

摆抡扫转，连续后撩。

练习方法： 同侧手脚随转体摆抡劈掌、扫腿，扣胯拧劲蓄力，两臂分摆，异侧腿以脚掌外侧、脚跟为力点，快速撩击对方咽喉、裆部后，迅速以脚掌戳地生根，重心跟随起另一后撩腿。左右交替练习。

5. 提皇踩子脚

单侧攻防，腿不空回。

练习方法： 提皇腿即提膝，快速提起，并里合格挡对方进攻。继而拧腰、送胯、挺膝，以屈伸之劲，力达脚掌外侧完成踩子脚侧踹。左右可交替练习，以便左右开弓。

6. 云摩手

拳似双门，翻砸有序。

练习方法： 双拳架于胸前做好防守，变为卡手，一手以肩为轴划弧向下按压，后另一手以肘为轴变拳抡摆，用拳背翻砸对方面门。两手按压翻砸，如手摇井中取水之辘轳，生生不息。

7. 偷步

隐蔽近身，突袭出招。

练习方法： 两腿前后开立，一侧脚后插，快速换步，以便近身靠近对手。左右交替练习，侧对或背对对手，防止正面对敌。

吴殳在《手臂录》中形象地描述："短枪如小楷，杨家枪如行书，沙家竿子如狂草。学成楷书，然后学草，乃有规则。先学草书，于楷远矣！"[1]上述训练方法需要有一个先后顺序，传统训练方法一般分作三种，徒脚、负重和对抗，可以对应为徒脚训练如楷书，负重训练同行书，对抗训练则为草书。欲达到技法运用游刃有余的程度，必须静心习练，练好徒脚训练这个基本功，使腿法灵活如手臂。然后再进行负重练习，以便使腿法运用如行云流水。只有达到这种程度，在对抗中才能

[1] 任鸿. 手臂录・无隐录释义 [M]. 太原：山西科学技术出版社，2016：140.

随心所欲、收放自如地运用各种腿法完成各类攻防。

以丁腿为例，丁腿的基本功首先应该是徒脚的习练，力求技术动作规范、动作协调、力点准确。当丁腿技术掌握到相对娴熟程度，便可以辅以负重，在大腿和小腿上绑沙袋踢棉桩、木桩。练过一段时间，一旦除去负重，徒脚动作不变形，便可进一步增加负重分量，直至技术动作的速度、力量、力点达到稳定状态，方可进行必要的条件性对抗练习，即一方喂招，另一方进攻。对抗中能够合理地控制距离、把握时间差后，便可进行下一步的模拟对抗，进而进行实战对抗。这种循序渐进的练习方法，可以牢固地掌握丁腿的技术，练就丁腿功力。

不同师父根据拳种的要求实施不同的训练，会产生迥然各异的基本功和技法风格。师父所使用的练习方法可以塑造技术特点，进而决定拳种风格。比如，关注准确的点腿、强调力量的点腿，与击准、求力并重的点腿练习方法，必然形成不同点腿风格。由此，习练腿法时应该使用何种训练方法，确有讲究，必须因人而异、因时各异，且需要交互练习，不可偏废。通常情况，点腿训练需要负重练习，更须进行踢准和转脚练习。踢准的方法是在高处悬挂一小沙袋练习点踢，随着踢准程度的不断提高，逐渐减轻沙袋重量，最终仅挂一张纸片，若脚接近纸片，纸片随之而落，说明点腿的力度和速度都达到了应有的程度。

再如，沧州肃宁戳脚拳法在攻防技击时，多用双臂辅助腿，故曰“三只手法”。上肢劈、打、挑、砸，下肢前踢、后打，为便于进退自如，故步法以虚步为主，拳打脚踢，攻守兼备。所以在训练中，不能仅仅训练腿法而忽视拳法。所有的腿法练习中，都时刻注重上肢动作的密切配合。初期练习方法，以慢动作的上下配合为主，逐步增加衔接紧凑程度，形成上下相随的动作习惯，再不断提高虚实相生的练习要求，随机转换虚与实，并不断提高速度和力量的标准，最终达到“肘护肋，手护心，抬腿进步护满门；手攻上，脚踢下，手脚并用难招架，胳膊拧不过大腿，顾上顾不了下；戳脚力大远击，使敌攻防无法”。通过上肢动作配合，不仅能够保持身体的稳定平衡，更能协调周身整体发力，有效地表现“半进半退，两手止不住的阴阳转，明走柔，暗走寒，半刚半柔，半如绵”“动则山裂与根崩，站则如同泰山衡”，将周身之力通过“内外六合”充分释放出来。练习时，要求手一伸，背催肩，肩催肘，肘催手；脚一进，腰催胯，胯催膝，膝催脚。通过六合的练习方法，逐步掌握上下相合，内外如一，表现“寸踢腿鸳鸯脚”精华。

强化功法的练习方法中，各技法的重复练习至关重要。拳法、腿法都需要进行原地、行进间的反复练习，从起步阶段的气喘至熟练阶段的力竭为一个练习单元。“极限”类型的训练可以产生良好的肌肉记忆，有效促进动作的技能形成，积淀必要功力。

各技法转换练习法是非常重要的手段。这种练习方法重在将各种技法用在假设对手的状态，采用模拟攻防的形式，以虚实相生的技法进行练习。“念动”可以有效地促进功法的灵活运用，并能够促进功力适时发挥。

各技法实用练习法是必不可少的内容。实战不同于训练，非娴熟的技法难以得心应手地应用。当习练者熟练地掌握了各种技法之后，应该不失时机地进行实战对抗练习。“比试”是检验技法实用性的方式之一。

各技法表演法也是提高技能重要的手段，应不失时机地运用。习练者欲在技法表演中游刃有余地展示自己的功法水平，便需要日常勤加练习，扎实基本功法，方可博得众人喝彩。这对习武人来说是一种成功的教育方式，唯有精湛技法方能“亮拳”，“亮拳”过程也是一种促进习练者对技法精益求精的过程。

第五章　戳脚拳术套路

戳脚高低回环，折叠俯仰，两腿如臂一样的灵活。戳脚多次出现在国内、国际各大武术赛场上，“手脚并用、上下配合”是戳脚套路编排的总体思路，一腿变多腿，高腿、低腿配合，这样就把戳脚的技击特点展示得淋漓尽致。它是在武趟子的基础上取文趟子之精华整理合编而成，所以既有武趟子刚猛的拳法，也有文趟子灵活多变的腿法，动作舒展大方，不仅观赏性强，同时也具有极高的实用价值和技击性。

一、动作名称

1. 预备势
2. 起势
3. 双挂手
4. 寸腿劐手
5. 剪手
6. 寸腿钻拳
7. 套捶
8. 玉环步
9. 鸳鸯脚（右）
10. 插黄
11. 鸳鸯脚（左）
12. 鸳鸯脚（右）
13. 左右拜佛
14. 转身卸手
15. 叶里藏花
16. 穿枪脚
17. 背挎手
18. 托点
19. 鸳鸯脚（右）
20. 顺水捞月
21. 疾步朝阳手
22. 鸳鸯脚（左）
23. 鸳鸯脚（右）
24. 上步撩裆
25. 倒劈打
26. 寸踢趴点
27. 连环勾踢
28. 叶里藏花
29. 舞花穿枪脚
30. 鸳鸯脚（左）
31. 劈剪手
32. 朝阳手
33. 鸳鸯脚（右）
34. 双挂手
35. 收势

二、动作图解

1. 预备势

动作说明： 双脚站立；两臂自然下垂；目视前方。（图5-1）

图5-1

2. 起势

图5-2

动作说明： 左脚向左侧横跨半步；两臂外撑，两手成切掌，掌心向下；目视左侧。（图5-2）

3. 双挂手

动作说明：左脚向右前方上步，右脚盖步，左腿向左侧出步，成高丁步；两臂在体前顺时针方向绕环一周，随左脚侧点两掌变拳经胸腹顺势向左撞出。（图5-3～图5-6）

图5-3

图5-4

图5-5

图5-6

4. 寸腿劐手

动作说明：右脚向前快速擦地寸踢，目标为对方胫骨，力达脚掌；两拳变掌，分别右手向后，左手向前预摆，右手加速向前、向上劐挑，手脚并至，右臂劐挑后屈收于右肩；右脚落地成高丁步；两臂交叉。（图5-7、图5-8）

图5-7

图5-8

5. 剪手

动作说明：保持丁步状态，原地完成剪手。右拳从右向左内格，左掌掌心朝上、内旋、向外水平左搂，两臂交叉，动作幅度小巧。动作由慢至快重复三次。剪手完成后，依然是前丁步格肘勾手。（图5-9、图5-10）

图5-9

图5-10

6. 寸腿钻拳

动作说明：身体以右脚为轴，向右旋转90°，左脚以寸踢方式攻击对手胫骨后，脚尖点地；同时，右手经胸前向下、向后搂；左手向前、向下、提至胸前，与右拳交叉，右拳后搂与左拳前冲形成开弓势。（图5-11、图5-12）

图5-11

图5-12

7. 套捶

动作说明：保持下肢姿态；右臂以肩为轴，在体侧抡臂，右拳抡至头顶后前砸；左臂以肘为轴，在体前划小圆，左拳下挂上提至胸前快速冲出。动作连贯，重复三次。（图5-13、图5-14）

图5-13

图5-14

8. 玉环步

动作说明：左脚为轴，向左转体180°；两臂在转体过程中做大云手。转体后，右脚向前寸踢；右臂立圆向上按顺时针抡臂后，向前劐挑。右脚脚跟点地，左腿支撑站立；两手成掌，交叉架于胸前；目视前方。（图5-15～图5-17）

图5-15

图5-16

图5-17

9. 鸳鸯脚（右）

动作说明： 左腿挺膝伸直做好支撑，右腿后撩，力达脚掌；同时，左手上挑至头顶上方；右手变勾手，向后搂，整个身体形成反弓形。随后右腿落地以右脚脚掌丁戳地面；上肢保持不变。（图5-18～图5-21）

图5-18

图5-19

图5-20

图5-21

10. 插黄

动作说明：向右转体，右腿支撑，重心下沉；左脚向前寸踢后脚跟着地；左手经腰间向前插掌；右手由勾手变掌外旋，置于左侧腋下，两手掌心向上。（图5-22、图5-23）

图5-22

图5-23

11. 鸳鸯脚（左）

动作说明：动作与右势鸳鸯脚相同，方向相反。即右腿挺膝伸直做好支撑，左腿后撩，力达脚掌；同时，右手上挑；左手由勾手变掌，向后搂，整个身体形成反弓形。（图5-24 ~ 图5-26）

图5-24

图5-25

图5-26

12. 鸳鸯脚（右）

动作说明：身体顺势向左拧转，左脚向前跨步，右脚寸踢；左手抡搂，右拳经耳侧向前劈击；左手扶于右肘外侧。随后动作描述同前鸳鸯脚（右）。（图5-27～图5-31）

图5-27

图5-28

图5-29

图5-30

图5-31

13. 左右拜佛

动作说明：右脚向前跨步，左脚向右斜前方寸踢；两手变拳，两手依顺时针做小云手，屈臂向左侧格击，左拳拳心向下；右拳拳心向上。随后左脚向前跨步，右脚向左前侧寸踢；两手体前逆时针做小云手，向右侧格击，右拳拳心向下；左拳拳心向上。（图5-32 ~ 图5-34）

图5-32

图5-33

图5-34

14. 转身卸手

动作说明：上动不停，身体向左旋转180°，两腿并步屈膝半蹲；右臂随左转在脸侧抡转后向下震脚砸拳；左手成掌置于右肩，掌心向外。（图5–35 ~ 图5–37）

图5－35

图5－36

图5－37

15. 叶里藏花

动作说明：起身，右腿支撑站立，左腿屈膝向上弹腿，与肩同平；同时，左手掌心向上向前穿掌，与弹腿同时击打目标；右手按掌于胸前。（图5-38、图5-39）

图5-38

图5-39

16. 穿枪脚

动作说明：左脚落地支撑，身体向左拧腰，带动右腿由侧面向前横向点脚；同时，左掌经头向斜上方穿出；右手成勾手向后搂。（图5-40、图5-41）

图5-40

图5-41

17. 背挎手

动作说明： 右脚落地，呈半跪步，保持上肢动作。身体向左旋转180°，右腿跨步，左腿完成换跳步，随即右腿跟步下蹲；两臂依次逆时针向下抡臂，左手成掌护于右肩，右手向下冲拳，拳背向内，成跪步下栽拳。（图5-42～图5-46）

图5-42

图5-43

图5-44

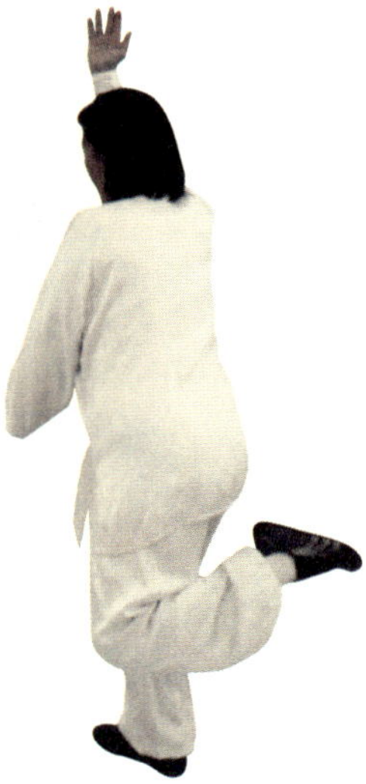

图5-45

图5-46

18. 托点

动作说明：右腿支撑站立，左腿屈膝向上弹腿；同时，左手向前穿掌，掌心向上；右手按掌于左肩前。（图5-47）

图5-47

19. 鸳鸯脚（右）

动作说明：左腿托点落地后，重心转移变成支撑腿，身体继续向右转体180°，随后右腿后撩；左手成掌上挑；右手成勾手向后撩。（图5-48～图5-50）

图5-48

图5-49

图5-50

20. 顺水捞月

动作说明： 右腿落地后，左腿靠近右腿成丁步；左手体前顺时针向前撩掌；右手腰间抱拳。（图5–51）

图5–51

21. 疾步朝阳手

动作说明： 右腿向前寸踢，随即，左腿后插；同时，右拳成掌向斜上方劐掌；左手拍击右小臂，完成以右手为主的缠手。完成两周右掌体前顺时针劐掌，需上下协调。右脚向前上步成右弓步；两手成掌向前后两侧插出，掌心向上。（图5–52～图5–54）

图5–52

图5–53

图5–54

22. 鸳鸯脚（左）

动作说明：身体左转90°，重心从左腿快速转移右腿并支撑，左腿后撩；左手成勾手从斜上方向斜下方搂；右手向斜上方插掌。随即，左腿落下；右手不变，左手变掌后搂。（图5-55～图5-58）。

图5-55

图5-56

图5-57

图5-58

23. 鸳鸯脚（右）

动作说明： 左脚落地后，向后撩右腿；同时，左手上挑；右手变勾手向后搂。（图5-59、图5-60）

图5-59

图5-60

24. 上步撩裆

动作说明： 右脚落地后，左脚上步，右脚寸踢；左手在体前向前撩掌；右手成拳由下向前撩拳。（图5-61）

图5-61

25. 倒劈打

动作说明：右腿后撤一步；右臂上架，左手护裆。左脚并步站立；两臂体前顺时针抡劈，右臂外旋劈拳于体后；左手架掌于头顶，掌心向上。（图5-62、图5-63）

图5-62

图5-63

26. 寸踢趴点

动作说明：（1）身体左转90°，右左脚依次上两步，随后右腿寸踢；同时，两臂由头上交叉，经体侧分别向后穿插，两掌随寸踢在体前拍击。（图5-64～图5-68）。

图5-64

图5-65

图5-66

图5-67

图5-68

（2）俯身，左腿支撑，右腿屈膝悬空；两手指尖相对，掌心向下按于地面。（图5-69、图5-70）

图5-69

图5-70

（3）右腿快速向后上方蹬点，力达足尖，随后右脚落地脚后跟抬起。（图5-71、图5-72）

图5-71

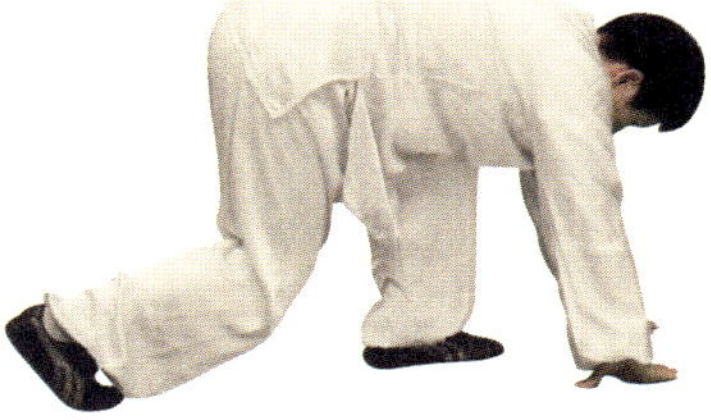

图5-72

27. 连环勾踢

动作说明：（1）右脚丁戳地面，脚尖外展，左腿内扣勾踢，带动身体沿弧线向右走转；两手成拳，于体前交叉，两臂一剪刀力，右拳拳心向上，向右上方挑崩，左拳向相反方向抽击。（图5–73、图5–74）

图5–73

图5–74

（2）左脚落地后顺势成歇步；右拳向右下方横击，拳背向下；左拳拳心向后。（图5–75）

图5–75

28. 叶里藏花

动作说明：（1）左腿支撑站立，右腿屈膝向上弹腿；右手向前穿掌，掌心向上；左手下按。（图5-76）

图5-76

（2）右脚落地支撑站立，左腿屈膝向上弹腿；左手向前穿掌，掌心向上；右手按掌于左肩前。（图5-77）

图5-77

29. 舞花穿枪脚

动作说明： 左脚落地后支撑，右脚向侧点脚，向左拧腰；两手云手，左掌经头向斜上方穿出，右手向后搂呈勾手。（图5-78～图5-80）

图5-78

图5-79

图5-80

30. 鸳鸯脚（左）

动作说明：右脚落地后，向左转90°，左腿向身后撩击；左手向斜后方搂；右手向斜上方撩掌。（图5-81～图5-83）

图5-81

图5-82

图5-83

31. 劈剪手

动作说明：左脚落地，向左转体90°，随即右脚寸踢；两臂交错，右掌经头上向左下方劈掌，左掌向右肩前撩剪，两手交叉于胸前成剪式。（图5-84、图5-85）

图5-84

图5-85

32. 朝阳手

动作说明：右脚落地，重心移至右腿，左脚向后插步；两臂经体前交叉，向两侧推掌成插步双推掌。（图5-86）

图5-86

33. 鸳鸯脚（右）

动作说明：向左转身，两手护头。左腿支撑，右腿后撩；两手经体前交叉，左手上挑；右手后搂。（图5-87 ~ 图5-89）

图5-87

图5-88

图5-89

34. 双挂手

动作说明：右脚落地，左脚向前上步，脚尖点地成高丁步；两臂沿顺时针方向从胸前向左直臂绕环一周，向左前方撞击。（图5-90）

图5-90

35. 收势

动作说明：向右转体，左脚向右脚收回并拢；两掌经头上下按，掌指相对，随后两臂自然下垂；目视前方。（图5-91～图5-93）

图5-91

图5-92

图5-93

第六章　戳脚器械套路——阴手枪

阴手枪创于明代，系枪术、阴手棍与少林棍法相结合之产物。演练时，左手在前反把握住枪身，右手在后正握枪把，使前后两手虎口相对，故而得名“阴手枪”，其传入沧州，约在嘉庆年间。阴手枪作为非物质文化遗产，包括阴手五虎断门枪、阴手八卦枪、十七枪、金锁连环枪、阴手对打枪、春秋枪等，其特点为灵活多变、刚柔相济、枪棍互用。

一、动作名称

1. 预备势
2. 起势
3. 弓步枪
4. 斜丁步抱枪
5. 猴倖抱柱
6. 哪咤上苍
7. 上步枪
8. 败中取胜是逃枪
9. 双背锏
10. 滚身枪
11. 上步单打斑斓虎
12. 抽身青龙出了江
13. 弓步扎枪
14. 翻身棍
15. 左逢右避摘日月
16. 换手枪
17. 孟正赶斋
18. 搅扎威扬巧架梁
19. 棍戳当阳
20. 收势

二、动作图解

1. 预备势

动作说明：并步站立；两手滑握在略宽于肩的位置握枪（两手虎口相对），枪杆紧贴腹部，枪尖与眉齐平。（图6-1）

图6-1

2. 起势

动作说明：（1）向左转身，左脚向前上步；两手持枪，向前扎枪。（图6–2）

（2）重心后移，右脚向后撤步，屈膝成虚步；左手由上向下压腕，使枪尖沿圆周轨迹做拿枪动作；右手握把收于腰间；目视枪尖。（图6–3）

图6－2

图6－3

3. 弓步枪

动作说明：（1）左脚向前上步成左弓步，拧腰带劲；右手搅枪至左侧腋下拿枪。（图6-4、图6-5）

图6-4

图6-5

（2）重心后移成右弓步；右臂上翻与肩同高，枪尖逆时针划弧做拦枪。（图6-6）

（3）重心前移成半马步；右臂下翻至腰间，枪尖顺时针划弧做拿枪。（图6-7）

（4）身体稍左转成左弓步；同时右手向前推送做扎枪动作，力达枪尖；目视枪尖。拦拿扎枪动作重复三遍。（图6-8）

图6-6

图6-7

图6-8

4. 斜丁步抱枪

动作说明：重心后移至右腿，左脚虚点地成斜丁步；右手向前滑动离枪把一尺有余；左手完成大幅度拦枪，随即左手持枪做小幅度拿枪；右手握枪至右侧腰间，成斜丁步抱枪；目视枪尖。（图6–9）

图6–9

5. 猴停抱柱

动作说明：向左转体180° ；左脚向前上步，脚尖外摆；右脚向前上步成马步；两手持抢扫把，成马步抱枪，左手在上，右手在下，枪尖向上；目视右侧。（图6–10）

图6–10

6. 哪吒上苍

动作说明：（1）身体重心右移，成右弓步；两手持枪扛于右肩，左手虎口向下，掌心向外；右手虎口向上，成右弓步挑把；目视前方。（图6-11）

（2）右脚向后撤步，左腿屈膝成左弓步；两手持枪于体左侧舞花枪后向前盖把。（图6-12、图6-13）

图6-11

图6-12

图6-13

图6-14

（3）向右转体；两手横扫枪把，向右侧盖把。（图6-14）

（4）右腿支撑，左腿提膝；两手滑动至枪缨做舞花枪，枪把从体后向左盖把，枪把高于头；目视枪把。（图6-15）

图6-15

7. 上步枪

动作说明：（1）左脚向前落步成左弓步；两手持抢向两侧滑握，随即向前扎枪。（图6–16、图6–17）

（2）右脚蹬地起跳；右手持枪上翻至右肩，左手握枪身中段。（图6–18）

图6–16

图6–17

图6–18

（3）右脚落地；两手持枪做拦枪动作。（图6–19、图6–20）

（4）左脚落地屈膝成左弓步；两手持枪向前扎枪；目视枪尖。（图6–21）

拦拿扎枪动作重复三次。

图6－19

图6－20

图6－21

8. 败中取胜是逃枪

动作说明：（1）重心后移成右弓步；右臂上翻成拦枪。（图6-22）

（2）重心前移成左弓步；两臂下压，右手置于腰间成拿枪。（图6-23）

（3）重心后移成右仆步；枪尖于左侧逆时针划弧，枪身似绞缠对方枪杆，右手向上滑动，两手将枪横置于胸前；目视前方。（图6-24）

图6-22

图6-23

图6-24

9. 双背锏

动作说明：（1）身体向右侧移动，上左步，右腿后撩，落地后重心随之右移，左提膝独立；步法配合上肢做搅枪，枪把、枪尖从体后向前挑把，重复三次，成左提膝抱枪；两手持枪横置于胸前；目视左侧。（图6-25～图6-27）

图6-25

图6-26

图6-27

图6-28

（2）右脚上步成右弓步，右臂上翻至右肩，左手下按，成右弓步按枪；目视枪尖。（图6-28、图6-29）

图6-29

10. 滚身枪

动作说明：（1）重心上移，两腿微屈；两手稍向上滑动，将枪置于胸前，两手借腰腹力量向前搅动，枪把从体后划弧前砸。（图6-30、图6-31）

图6-30

图6-31

（2）以左脚为轴，右腿扣膝，向右后转体180°，右脚向前落步成右弓步；两手向斜上方将枪推出，成右弓步推枪。（图6-32～图6-34）

图6-32

图6-33

图6-34

（3）左侧动作相同，左右相反，成左弓步推枪。（图6-35～图6-38）

图6-35

图6-36

图6-37

图6-38

11. 上步单打斑斓虎

动作说明：（1）重心后移成马步；两手持枪向后抽拉。（图6-39）

（2）左脚蹬地翻身跳，两手握枪杆，向上挑把。（图6-40、图6-41）

图6-39

图6-40

图6-41

（3）动作不停，右脚、左脚依次落地，成左弓步；两手持枪向前扎枪。（图6-42）

图6-42

（4）重心后移成马步，随即右脚向前上步成右弓步；右手向后滑动拉枪、上举、摔把；目视前方。（图6-43～图6-45）

图6-43

图6-44

图6-45

12. 抽身青龙出了江

动作说明：（1）起身，右脚向左盖步，向右转体，左脚并于右脚；同时右手滑动至枪杆二分之一处，左手滑动至枪把，顺时针搅枪。（图6-46、图6-47）

（2）右脚向后撤步，成马步；同时将两臂拧转向右抽枪，枪横置于胸前，右手在上，左手在下；目视枪尖。（图6-48）

图6-46

图6-47

图6-48

13. 弓步扎枪

动作说明： 两手换握，起身扎枪。右脚蹬地起跳；两手随垫步跳在空中完成拦拿枪。左脚右脚依次落地成左弓步扎枪，力达枪尖；目视枪尖。（图6-49～图6-52）

图6-49

图6-50

图6-51

图6-52

14. 翻身棍

动作说明：（1）重心右移，两腿屈膝成马步；左手滑动至枪杆梢端拉枪。（图6-53）

图6-53

（2）以左脚为轴，右脚向前上步，向后转体180°，成左弓步；同时，左手滑动至枪缨端，随后拉枪，右手向左手滑动，随后向前盖把，枪把触及地面，成左弓步盖把。（图6-54～图6-56）

图6-54

图6-55

图6-56

15. 左逢右避摘日月

动作说明：（1）右脚横跨半步，左脚后插；反手搅枪，枪把在前，沿逆时针划圆后，向右侧上方击把，左手置于右侧腋下。（图6-57～图6-59）

图6-57

图6-58

图6-59

（2）上左脚，提右膝；右手换握，虎口向枪把，右手拦枪于斜上方；左手持枪头向右后下方扫枪收于左侧腰间，成提膝抱枪；目视前方。（图6-60、图6-61）

图6-60

图6-61

16. 换手枪

动作说明：（1）右脚落地成右弓步；两手沿着枪杆前后交换位置，右手滑动至枪缨端，左手滑动至枪杆中后部。（图6-62）

（2）右脚顺势抬起；以左手为圆心，右手在枪杆滑动，拨枪在体前向后绕环一周。（图6-63）

图6-62

图6-63

（3）向右转体，右脚向前落步，左脚向前上步成左弓步；枪随上步、转体从体侧向前完成一个拦拿枪，成左弓步扎枪。（图6-64～图6-67）

图6-64

图6-65

图6-66

图6-67

17. 孟正赶斋

动作说明：（1）重心后移；右手向后拉枪，左手滑动至枪缨端。（图6–68）

（2）以左脚为轴，身体左转，右脚向前上步，成半马步；在体侧做半个舞花枪，左手置于右侧腋下；右手持枪盖把，枪把触及地面。（图6–69、图6–70）

图6–68

图6–69

图6–70

（3）重心前后移动；蓄劲后向斜上方扫把。（图6-71、图6-72）

图6-71

图6-72

18. 搅扎威扬巧架梁

动作说明：（1）左脚向前上步；右手持枪杆在体后划弧，两手将枪置于胸前。（图6-73、图6-74）

图6-73

图6-74

（2）左腿支撑，右小腿弯曲后抬；以左手发力为主，右手配合反握搅枪，使枪尖顺时针大幅度旋转一周。（图6–75、图6–76）

（3）右脚向前上步，两腿微屈膝；枪尖顺时针小幅度旋转一周，枪尖运行路线呈螺旋线，后向前扎枪。（图6–77）

（4）重心下沉后移至右腿成右弓步；两手持枪架于体前成弓步架枪。（图6–78）

图6–75

图6–76

图6–77

图6–78

19. 棍戳当阳

动作说明：左脚向右脚后方插步，屈膝下蹲成歇步；两手交叉至体前舞花，舞花结束后左手滑动至枪缨端，并随歇步下蹲将枪身平压于体前，枪稍高于地面，成歇步压枪。（图6-79、图6-80）

图6-79

图6-80

20. 收势

动作说明：（1）起身，右脚向右侧横跨一步；左手滑动至枪把端，枪尖向斜上方扎出。（图6-81）

（2）重心移至右腿，左脚收回呈并步站立；右手握枪垂直戳于地面；左手按掌于腰侧；目视左侧。（图6-82）

图6-81

图6-82

第七章 戳脚实用技法

武术源于搏杀，成于实战，臻于套路。当拳种将技法凝结在套路之中后，原本直白的搏杀技法便内隐为虚渺的想象，促使习武人须以特有的悟性认知套路中内隐的技击含义。其实，古代早已广泛存在宋太祖三十二势长套、六步拳、猴拳、囮拳等套路形式。然而，套路特别是花式套路的存在并没有影响技击功能，反而提高了技击效果。套路与技击术有着辩证依存关系，在某种程度上，内隐技击的套路，是习武人的智慧，它们给暴力的技击穿上了文雅甚至是文明的外套，令局外人乍一看，花拳绣腿不足以撼天震地。武术区别于其他身体文化的技击，即使是被文明所内隐，但始终客观地存在着，需要人们通过"拆招"方式加以阐释。这种情况很像中国古典哲理，需要后人的阐释、点校和白话的解释。这类内隐于神秘中的文化，极大地激发了人们的兴趣，令人向往。

"技欲精欲多，用欲熟，欲驶、欲狠。"[1]通过戳脚技法的拆招，能够帮助习练者有效地提高套路演练水平，提升习练者对实用技法的具身认知。套路中的"用"充当着演练的载体，却仅限于身体技能的提升。实战中的"用"则是将内隐的技击含义、技击意识提炼和应用，两种"用"侧重点不同，践行的阶段性各异。套路与实战中"用"的交融，用现在流行的所谓"打练结合"说法，就是在习练者学习戳脚的不同阶段，分别或同时进行两种不同的"用"法，如初学之用为练，精学之用为打，抑或同时兼顾。即使如此，两种"用"具有异曲同工之妙，均是为了力求达到技"精"之终极目标。

套路在虚拟攻防意识的作用下，将技击技法进行了模拟演练。何良臣曾明确指出被套路化后的"如花刀、花枪、夺棍、滚钗之类，诚无济于实用"[2]。套路中"多花法"，需要通过师父或教练进行反向的拆招，还原技法原本的技击来注释其攻防技法。依戚继光之法，"须两枪对较，一照批迎切磋，掤、挤、著、拿、大小门圈穿，按一字对戳一枪，每一字经过万遍不失，字字对得过，乃为成艺，后方可

[1]《中国兵书集成》编委会. 中国兵书集成［M］. 北京：解放军出版社，1989：783.

[2] 何良臣. 阵纪［M］. 台北：台湾商务印书店，1986：698-699.

随意应敌，因敌制胜也”[1]，将虚拟的技击变成真实的技击。说招、拆招程式是武术特有的文化品质，既使武术保持了必有的神秘，激发了人们的向往和追求，也使武术能够在军事活动中拥有相应地位，扩大武术生存空间。通过拆招，即使是不进行真实的实战，依然能在模拟真实的格斗，抑或是置身于战斗的场景中，体验和感悟武术特有的魅力。实战则有所不同，面对真实的对手，需要将自己掌握的相应的技法灵活地运用于瞬息万变的身体博弈之中。最为基础的是，实战双方的距离感、时间差、技法妙、战术巧都不是在模拟中能够掌握的，必须在真实的对抗中，才能逐渐找到这种感觉，形成自如运用相应拳种技法的实战能力。所以，套路是帮助习练者熟练技法的根本方法，拆招是使习练者明确技法用途的基本方式，实战才是帮助习练者真正掌握技法的唯一途径。

戳脚作为“北腿之杰”，与八极拳、太极拳、八卦掌等知名拳种一样，深受中国传统文化熏陶，具有较深厚的文化底蕴。戳脚的腿法丰富多变，实战时常以腿技取胜。其上蹬下踹，左勾右挂，前踢后摆，明圈暗点，进攻立体化，上可踢头，下可踩脚，一腿发出，另一腿待发，势势相连，环环相扣。同时，戳脚技术要求神聚气敛，不动如山，动如雷震，见招打招，见式打式。步法要求严谨，要一步一腿，步法位置得当，腿形脚形姿势分明。足宜抓地而立，擦地而起，啃地而落，起腿急弹，落脚冷脆，干净利落连环交错。两手常为诱敌的导引，手出脚随，手脚齐发，有“脚踢七分，手打三分”之说，追求“拳打六路，脚踢八方”，形成了“手为先锋，脚为主帅”的技击思想，强调上下合一，虚中有实，守中带攻，攻守合一，表现出很强的技击性。本章根据戳脚基本踢法及经典动作基本技法，对其进行归类拆招解析。

第一节 踢法

戳脚的踢法种类很多，号称戳脚八十一腿，同一腿法在不同流派中还有各自的特点。可以将戳脚腿法概括为点、蹬、丁、踹、拐、蹶、错、踝八类，各类腿法都有不同的变化，相互衔接构成各种不同的攻防组合。戳脚腿法根据用法不同可分为上盘、中盘和下盘，并有明腿、暗腿、藏腿之说，而且既有左式也有右式，并可以左右互换。

[1] 戚继光，纪效新书[M].曹文明，吕颖慧，校释.北京：中华书局，2001：12-13.

1. 点腿踢

技击方法： 点腿踢是低、中、高击打部位均可使用的腿法，尤擅长攻击低、中部位，如胫、膝、裆、腹等，击打对手前、后、侧各个方位。以前方中盘腿法为例：由左虎坐步预备，提右膝，脚面绷直，力量集中于脚尖部向前点出，击打对方裆腹。点腿的高度由提膝高低，以及对手的距离和击打部位决定。

动作要领： 发腿要用弹簧力，即大小腿由屈至伸，发出即收，务必使腿发出的过程短促有力，力点为脚尖或前脚掌。点腿法和弹腿不同，主要应用于击打对方的身体薄弱部分或穴位，而不用钝力作用于对方。点腿踢可以变化为转环点腿、连点腿等腿法。

应用场景： 如对方主动进攻，在接近我方的瞬间我方用前侧腿点腿踢击对方的胫、膝部位或裆腹、头颈，发挥阻击作用。如果对方不加防范，可发力重创对方薄弱部位。如果对方有所防范而收敛，我方旋即落地近身，并迅速转换其他手法或腿法实施进攻。这种腿法兼具防守和进攻的功效。

2. 蹬腿踢

技击方法： 蹬腿踢是屈伸类腿法。以右腿为例，通过右借步佯作败势，然后两脚快速交换位置，成横步，轻快地交换身体重心，起右腿，力点集中于脚底外沿，侧向击打对手的下盘，如踩蹬对手的下肢、裆腹。这种腿法须屈腿提膝，快速地用脚底蹬踢。作为屈伸性腿法，无论是前侧腿的蹬踢，还是后侧腿的蹬踢，都需要发挥其屈伸力量，力求力点集中。

动作要领： 在蹬腿过程中，快速转换身体重心，充分利用身体重力与伸腿的冲力完成蹬踢。换步起宜轻、落宜稳。蹬腿是近战中有效的腿法，攻击部位在膝下直至脚面。提膝、屈腿、蹬伸一系列的动作要连贯，打击点要准确。腿法路线要求直进直出，这取决于髋关节的柔韧性以及提膝的高度，髋关节柔韧性好、提膝高，蹬踢的腿着力点就高。若提膝低，发腿的力点一般在前脚掌或足跟。

应用场景： 实战一，双方对峙中，当对方欲抬腿攻击时，我方应未等其发力抓住时机，迅速蹬击对方大腿或髋部。实战二，我方迅速滑步，用前蹬腿突击敌腹。实战三，对方上步直拳攻击；我方跃步迎上，起后腿蹬其腹、胸。实战四，对方后摆腿攻击；我方向后略避身，未等其站稳，起后腿正蹬敌背部或臀部。

3. 丁腿踢

技击方法： 丁腿踢是近身短打类腿法。以左式为例，先成虎坐步，接着弯曲成左腿伸直，后脚跟稍提起一些，然后前脚掌上扬，用大腿带动小腿向前。在发腿时，脚后跟与地面接触，借助地面反作用力，使该腿法短促有力。力点集中在前脚掌，重心前移于右腿，右腿始终保持自然弯曲，做好支撑。

动作要领：十趾均抓紧，脚跟须贴地，腰身借力，冲力更短促。脚发出高度在踝关节上方。由于起腿的距离阶段，需要充分借助上肢的手法引领，以及向前进身，以帮助提高丁腿的打击力度。丁腿踢法在实战中有串步丁腿、过步丁腿、勾丁腿、连环丁腿等变化，同时还可以配合各种手法。

应用场景：双方对峙中，当对方欲出拳或抬腿攻击时，我方应未等其发力，抓住时机，迅速用丁踢腿击打对方裆部或髌部，阻击对方进攻。也可使用脚掌翘起，用前脚掌踢击对手的脚踝、胫骨或者是膝关节，有效地阻止对手的进攻。发丁腿时，脚跟擦地，借助地面摩擦控制着力点的高度，帮助脚掌上翘。

4.踹腿踢

技击方法：踹腿踢是前腿法，使用部位是脚底，以左式为例，抬右腿，躯干左旋，右膝上提使大腿呈水平，随即小腿向前踹出，脚底朝前，力达脚底，脚一般踹到腰腹、膝下高度。（图7–1、图7–2）

图7–1

图7–2

动作要领：踹的发力原理犹如弹簧，弹簧的力量与压缩的程度相关，发力的速度与解除压力的快慢相连。踹腿踢在实战中有颠步踹、过步踹、悠步踹、连环踹等变化。

应用场景：蹦腿踢既可以用于防守，又可以作为主动进攻的手段，起到击下打上的作用。比如，对方上步出拳攻击我方头部时，我方跟步迎上，迅速用踹腿踢击打对方小腿，致使对方失去重心，完成有效的进攻。踹腿踢可以衔接拳法击打对方，做到手脚齐发，上下同击。

5. 拐腿踢

技击方法：拐腿踢是一种侧面进攻的腿法。以右式为例，右横步预备，左脚跟步，右腿侧向以绷劲发出。进攻的腿法膝盖不伸直，以自然的弯曲增加扣拐的力量。打击的力点在脚外侧，腿发出高度在膝关节及以下。若力点集中于脚底，则腿发出高度在膝上。（图7-3、图7-4）

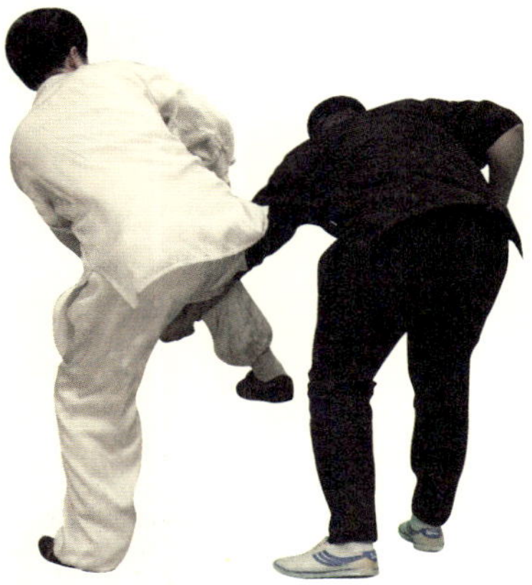

图7-3

图7-4

动作要领：这种腿法步伐移动十分关键，后脚落，前腿起，右腿发出，带有内旋上提的劲力。拐腿作为文趟子拳的经典腿法，具有灵活性高、应用范围大的特点，腿法可近可远，可攻可防。远距离发腿可达丈余，近距离发腿可贴身，有高拐腿、低拐腿、连环腿等变化。

应用场景：我方以左架对敌，对方右膝提起欲用右脚踢我方左膝，我方以左脚为轴向左转180°的同时，右膝稍屈向左上方绕环摆动，再向下向外以脚掌挂挡敌右腿。随即我方上身再向左倾，右脚面绷平，右腿挺直，以脚尖直点对方裆部。

6. 蹶腿踢

技击方法：蹶腿踢又称蹶子腿，是从身体后侧实施进攻的腿法。以右后虚步预备，然后左脚向右脚前内侧踩落，背身面对对手，右腿以屈膝的方法，短促用力向后上撩踢，力达脚跟部和脚外侧。蹶腿踢在发出过程中，脚掌贴地而行，将后穿与上挑两劲合一，以步摧脚，以腰促力。

动作要领：左脚下跺与右腿蹶踢同时进行，以便形成合力。蹶踢不求击打部位的高度，但求腿法的隐蔽、快速和准确。蹶腿踢有高蹶腿（高于膝部）、低蹶腿（低于膝部）、鸳鸯腿等变化。

应用场景：在实战中如以右架对敌，对方右步以右拳向我方腰腹以上部位击来，我方速用前臂磕挡对方进攻，同时身体左转，左脚经右脚方后向后偷步，随即，我方重心移于左腿，上身稍前倾；同时右腿屈膝以脚跟部向后撩踢裆部。

7. 错腿踢

技击方法：错腿踢是侧身低位攻击性腿法。在右卧步基础上，左脚借腰胯力量送于右脚内侧，右腿侧向甩出，并且用伸膝的力量下踩。巧妙的一甩一踩，形成向侧下的合力，着力于脚外侧，此腿法看似飘逸，却具有特殊的打击效果。

动作要领：由于这种腿法自始至终是低架，自然对习练者的下肢力量要求较高，需要有出色的下肢移动能力。脚起轻如飞燕，脚落重如坠石。错腿踢在应用中有四环错腿、连环错腿等变化。

应用场景：双方对峙中，当对方欲出拳攻击我方头部时，我方迅速把身体重心下降，击步上左脚，后用右脚用力下跺，去击打对手的脚踝、胫骨，有效地削弱对方的杀伤力，同时阻止对手的进攻。

8. 踝腿踢

技击方法：踝腿踢又称踝脚，是身后低腿法。左虎坐步预备，上右脚，左转身，右脚在左脚前方落地内扣，拧转双脚，用力于脚后跟，向下跺踩，通过双脚的拧转与跺踩的协同发力实现特殊的打击效果。

动作要领：转腿伸膝要协调一致，从起腿到落腿要快，脚跟落地时，如同踝物。踝腿踢在应用中有自转腿踝腿、跳步踝腿法等变化。该腿法除了脚的应用外，小腿还有撞击挤压的作用。

应用场景：踝腿踢在实战中有两种用法，一是踝腿踢防敌进攻，二是以踝腿踢虚晃敌身，使其不敢贸然近身。我方以左架对敌，对方进左步向我方靠近，我方重心移于左腿，然后提右脚，力点集中于脚后跟部向下跺踩，踢对方支撑脚，使其失去重心。这种近身使用的腿法必须快捷、灵巧，同时上肢务必做好防守。

上述八种基本腿法仅介绍了一般的形态。在实际应用中，常可随步法、手法的变化产生多种变化，做到“式式相连，招招相合”。腿法的连环作用是文趟子拳腿法的基本方法。在练习中可以连环训练，举一反三，连环多变，从而达到快速制敌的目的。

第二节　打法

戳脚打法主要是运用上肢手、肘、肩、臂，下肢脚、膝、腿、髋等各种技法组合的技击方法。打法讲究“避迟求速”，迟者负，速者胜。“拳出有方，腿回有法”，打法就是实战技击中的基本原则，如何出拳，如何收腿，都必须依法行事。下面从戳脚代表性的五个经典动作进行技术分析。

1. 叶里藏花

动作介绍：叶里藏花动作是同侧手脚齐出的技击方法。上肢防守，待腿踢至途中，手变防守为进攻，手与腿同时击打同一目标，令对手防不胜防。（图7–5）

图7－5

动作要领：练习叶里藏花时既可以采用手脚齐出的方法，也可以采取一展一踢之法。

应用场景：对方直拳击来时，我方马上用手臂格挡，改变对方击打路线；同时起腿勾踢对方上盘。如果对方两手严密招架，换势再从另一侧实施进攻，可做到避正打斜使其左右逢敌，难以招架。这种打法必须是虚实相生，也就是说，左侧的叶里藏花为试探，右侧的叶里藏花则是进攻的实招。否则，起腿半边空，容易被对方钻空子。

2. 穿枪脚

动作介绍：我方以左架面对对方，如果对方用左拳击我方胸部，我方可身体左转体，两腿微微屈膝；同时右手压挂对手的进攻拳法。当我方重心快速转移至左腿后，右脚脚面绷直，向右以脚面横向打击对方肋部。（图7–6）

图7–6

动作要领：击打腿点击时要送髋，击打腿的膝关节在击打中不仅要挺直还要格外注意旋扣。这种沿自身纵轴的内旋，可以增加腿法接触时的力度，防止被对方接抱。

应用场景：穿枪脚在得到上肢手法的配合后，可以应用于对方直线进攻的场景中，以上肢的舞花手为防守方法，运用穿枪脚实施有效的迂回进攻。穿枪脚也可以单独使用，当我方面对贸然进攻、疏于防守的对手时，使用强有力的穿枪脚可以一招制敌。

3. 圈踹

动作介绍：以左架为例，左腿支撑，起右脚向左圈扇，这是防守。随后，身体随右里合圈腿向左后转，同时屈体提膝收腿待发。身体适度向前倾，上肢动作防守中维持平衡，侧身将右脚蹬出或点出。（图7–7）

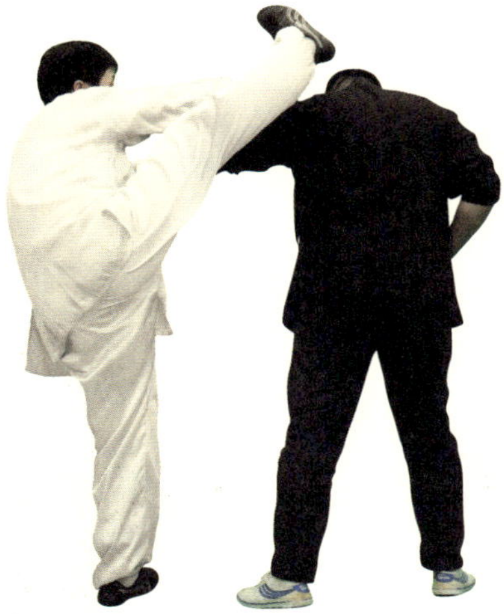

图7－7

动作要领：圈腿为先防后攻之技法。由“圈腿”“踹腿”“点腿”组成。圈腿时，右腿摆动幅度宜小不宜大，脚走圆圈路线，提膝严密防裆护腹，拧腰收胯转体要和顺。进攻腿法要伺机而变，或踹或点。整个动作连贯，一气呵成，势如破竹。

应用场景：如果对方右膝提起欲用右脚发动进攻，我方以左腿为轴，身体向左转动，同时右膝稍屈向左上方绕环摆动，再向下、向外以脚掌挂挡对方右腿。随即，我方根据对方的状态，上体前倾，继续使用右脚实施各种不同方式的进攻。

4. 连环腿

动作介绍：戳脚中擅长使用连环腿法，如鸳鸯脚的连环使用，左脚向下落戳丁步，两手配合腿法前后分开，转头看左手前方，向后撩踢用右九翻鸳鸯脚。再如，勾挂连环腿，使用脚勾踢对方的脚踝，我方再用同侧腿顺势踹击对方胸腹。（图7–8、图7–9）

图7-8

图7-9

动作要领：本动作是该拳种典型的连环腿法。腿之连环要紧密相连不能间歇，否则非但不能奏效，反而会深受其害。如在右脚勾挂时，上身稍向左侧倾，腰胯发力，达于脚腕处。踹腿时要挺胸、挺腰、直膝，力达脚底。

应用场景：手拦、脚踢上下连环，撩踢、勾踹同侧相连。当对方向后撤步时，抓住时机迅速使用鸳鸯脚撩踢其裆部或胸腹部。常见的情况是，对方以右拳击我方面部，我方可左手外捋按其拳，迅速将重心移于左腿，转体，右脚脚尖勾起，以脚腕处勾挂对方的左脚踝部。如果对方左腿屈膝上提，我方顺势屈膝踹击对方胯部。

5. 掀腿

动作介绍：掀腿为诱敌深入、近身御敌的技法，以手法虚晃对手，再转身后撤，诱敌来攻。我方趁机以灵巧的偷步步伐，尽可能贴近对方，突然起腿击之。（图7–10）

图7–10

动作要领：上下齐出，要敢于贴身，偷步要巧，起腿要快、发力要猛、力点要准。

应用场景：我方以左架对敌，对方进左步向我方靠近，我方重心移于左腿，身体以左脚为轴向左转体90°，右拳向前冲击对方胸部，左手护胸的同时，右脚尖勾起，以脚掌前端挫踢对方胫部，或用脚外沿掀击对方大腿。

跋

河北体育学院武术系编写组承接的上海体育大学武术学院“武藏”精华系列丛书《戳脚》一书即将付梓之际，本人有幸应邀为之作跋，细读书稿，深感该书编写组为传统武术的保护与传承做了一件颇有意义的实事，实乃传统武术之幸。

传统武术是我们先贤智者历经数辈体悟而流传至今的瑰宝。曾记初见该书编写组之际殷切嘱托，传统武术文化是老祖宗智慧的结晶，历经岁月洗礼，甚至千磨百折才流传至今，传统武术文化的保护与传承还需与时代紧密结合，既要有山路见梅，感而有作之情怀，又要有独上高楼凋碧树之治学，方能做好研究。

该书的编写针对传统拳种学理凌乱问题，通过实地调研访谈，文献查阅甄别，尽可能地还原了戳脚的原貌，对诸多拳势、技法、功法、拳理进行了梳理和校正，并对该拳种的精要进行了开释。同时，该书在编写过程中也搜集了部分古谱、典籍、图片等珍贵资料，切实做到了对传统武术的保护与传承。于本书出版，我甚感欣慰，本书有传承、有求证、有学理，亦有养生、练功之指导，使得众多湮没于历史长河之中的宝贵资料得以再现时代光芒。

在此，感谢上海体育大学武术学院“武藏”精华系列丛书的高瞻远瞩、通计热筹，感谢河北体育学院武术系《戳脚》编写组的奋发蹈厉、栉风沐雨，为中华武术的传扬做出贡献。

拙文涩语，兹忝为跋。

国家武术院专家委员会专家　当代中华武术百杰之一
中国武术九段　中国武术协会委员
国家级武术裁判　河北省武术协会原主席
河北省健身气功协会原主席　河北体育学院原副院长

后　记

河北，地处中国三大平原之一的华北平原腹地，太行、燕山之下，漳河、渤海之滨，古之谓冀州，自上古涿鹿之战开华夏文明之先河，时至今日，京畿重地的河北凭借其得天独厚的区位人文优势，四通八达的便利交通，为文化的延绵繁荣提供了极大的便利。

武术是河北地域所孕育的重要文化形态之一，就流传至今被国家认可的百余拳种中，河北独占近半。从中，可以清晰看出武术众多拳种或起源、集成于河北，并辐射全国。犹如纪录片《大河之北》中描述河北为浓缩的国家地理读本一样，河北武术已然成了中华武术的浓缩读本。是什么原因导致河北武术文化如此发达？带着这个疑问，课题组以戳脚为切入点，通过对戳脚的缘起、传承、技法等角度进行分析，从戳脚的各个层面隐约看到，除了河北的自然地理空间对拳种的影响之外，人文因素更发挥着主导作用。简言之，河北武术昌盛不衰可以归纳为河北地处农耕文化与游牧文化交汇地带，各异的生产方式产生了动、静文化的优势互补；大运河等便捷交通不仅促进了经济的繁荣，也带动了武术文化的繁华；作为兵家必争之地，频繁的战事无形中营造着尚武社会氛围和民众习武惯习；在虹吸作用下，武术资源随着习武人的汇聚，在频繁的切磋交流、互鉴中逐步萃取、集成、衍生出诸多拳种，产生明显的油点扩散效应。

上海体育大学武术学院为在新时代进一步挖掘传统武术文化，弘扬中华民族文化，筹划了“武藏”精华系列丛书。河北体育学院武术系有幸承接了这个光荣而艰巨的任务。这个任务之所以光荣，是因为从习武人的行为探究中可以管窥蕴含于习武人独特的自强不息、厚德载物等中华民族体育精神。任务之所以艰巨，主要是由于口传身授的武术拳种，鲜有史志记

载，拳种渊源、谱系、拳理众说纷纭，不少内容因为体验和认知的差异而参差不齐，身体验证亦存在难度。诚然，编写组能力有限，具身认知不足，加之时急务重，但编写组秉持“风萧萧兮易水寒，壮士一去兮不复还”之燕赵慷慨信念，力求通过《戳脚》的编写，推开通往传统武术文化的厚重之门。

编写组历经多次实地调研、专题研讨、专家咨询，终于完成了书稿的编写。全

书由河北体育学院陈青负责、统稿，第一章张晶撰写，第二章周嵩山执笔，第三章马威梳理，第四章马敏卿撰文，第五章和第六章苗晓兰录制，第七章由张忠新负责。

在撰写《戳脚》过程中，武林百杰的刘鸿雁老先生时刻关注着我们的研究进展，不断给予鼓励和鞭策。在访谈、调研、录制戳脚套路期间，编写组得到了河北省众多戳脚传承人的鼎立相助。其中，国家级非物质文化遗产传承人宋君杰先生给予了拳理、传承谱系的指点。苗晓兰女士不辞辛苦，以精湛的戳脚技艺录制完成了珍贵的视频和影像资料。马振水先生为了编写组获得真实的第一手资料，四处觅各种资料，带领编写组多次深入田野，反复论证拳种的发展脉络。王智杰先生抽出宝贵的余暇，为编写组摄录、剪辑影像资料。在此，编写组向长期关心、帮助我们的先生们致以崇高的敬意!

戳脚备受习武人青睐，传播范围在“大聚集”中兼有“广扩布”的特点，在传承中且与其他拳种进行了大量的融合与互嵌。鉴于编写组成员的能力所限，该书以河北境内的戳脚进行重点探寻，兼顾流传于祖国各地的戳脚分支。因此必然存在挂一漏万、主观臆断等问题，期待戳脚传承人不断升华流派技法与理论，弥补这一缺憾。本书谨为一种叩门式的探索，万望各方同仁指正。